Mythologie grecque

D'Aphrodite à Zeus - Les dieux, déesses, héros et monstres de la Grèce antique

Par les lecteurs de History Activist

Introduction

Vous aimez la mythologie grecque ?

Si vous êtes un fan de la mythologie grecque, alors ce livre est fait pour vous. Il contient tout, de la création du monde à la mort de l'Olympe. Vous découvrirez tous les principaux dieux et déesses, ainsi que des dizaines de personnages moins connus. Il s'agit d'un guide essentiel pour tout amateur de mythologie, un guide complet de tous les dieux, déesses, héros et monstres de la Grèce antique.

Les histoires de la Grèce antique sont parmi les plus célèbres de toute la mythologie. Depuis des milliers d'années, les gens sont fascinés par les dieux et les déesses, les héros et les monstres de la mythologie grecque. À l'origine, les histoires étaient transmises oralement, et ce n'est que plus tard qu'elles ont été mises par écrit. La plupart de ces histoires ont été rassemblées dans un livre intitulé L'Iliade, écrit par le poète Homère. Parmi les autres mythes grecs populaires, citons L'Odyssée, L'Argonautique et Les Argonautes.

Ces histoires racontent les grandes aventures de héros tels qu'Hercule et Jason, qui se sont rendus dans des pays lointains à la recherche d'aventures et de dangers. En chemin, ils rencontraient des créatures fantastiques comme le Minotaure et l'Hydre, ainsi que de belles déesses comme Aphrodite et Athéna.

Si les histoires sont pleines d'aventures, elles enseignent également des leçons importantes sur la moralité, le courage et la loyauté. Grâce à une narration captivante, ce livre fait revivre la Grèce antique comme jamais auparavant. Découvrez la mythologie grecque comme jamais auparavant grâce à ce livre incontournable. Vous serez fasciné par leurs histoires et étonné par le pouvoir qu'ils exerçaient sur les mortels et les dieux.

Table des matières

INTRODUCTION 2

TABLE DES MATIÈRES 3

MYTHOLOGIE GRECQUE 5

IMMORTELS - PRINCIPAUX DIEUX ET DÉESSES 9

Aphrodite 10

Apollo 27

Ares 34

Artemis...40

Athena..44

Demeter 58

Dionysus 61

Hadès 74

Héphaïstos..76

Hera 79

Hermès 82

Hestia 85

Poséidon...89

Zeus..99

Titans et Titanesses..104

Cronus 105

Gaea 107

Atlas 109

Prométhée...112

Les divinités du ciel 115

Phaëthon...116

Uranus...118

Éole 120

Divinités chthoniennes..122

Erinyes (Furies) 123

Hécate 125

Minos 129

Persephone 130

Gigantes et autres " géants 132

Cyclopes 133

Typhon 136

Déités rustiques 138

Aristaeus 139

Pan..140

Divinités agricoles 142
Adonis 143
Déités de la santé 147
Esculape (Asclépios) 148
Autres divinités 150
Charites (Les Grâces) 151
MORTELS 152
Défier les mortels 153
Achilles 154
Ganymède 159
Hercule 161
Héros 162
Aeneas 163
Ajax le Grand 167
Daedalus 170
Jason 173
Odysseus 175
Orphée 187
Perseus 188
Thésée 192
Femmes célèbres 195
Arachne 196
Cassandra 197
Helen 199
Medea 202
Méduse 205
Pandora 207
Polyxena 209
Kings 211
Agamemnon 212
Midas 215
Oedipus 217
Sisyphe 220

Mythologie grecque

La mythologie grecque est l'ensemble des mythes et sagas de la Grèce antique. Ce sont des histoires de dieux, de demi-dieux et de contacts entre les dieux et les humains.

La mythologie grecque a permis aux Grecs anciens d'expliquer les origines du monde, les corps célestes, les hommes, les dieux, le mal, les maladies, les phénomènes naturels et les éléments primaires que sont la terre, l'eau, le feu et l'air. Il constituait la base de la religion des Grecs anciens. On sait qu'ils ont tenté de systématiser et de refondre les mythes connus de leur propre culture et environnement, en faisant un usage intensif de l'étiologie et de l'éponymie. Il s'agissait de compiler les arbres généalogiques des dieux et des créatures mythiques connus. Des divinités plus anciennes, parfois issues d'autres cultures comme l'Anatolie, la Mésopotamie ancienne et l'Égypte, ont été incorporées et intégrées, et de nouveaux mythes ont été créés pour expliquer cette intégration. D'anciens événements historiques presque oubliés ont également été élevés au rang de mythe (comme celui des Amazones) ou transmis sous forme de mythe. En conséquence, la mythologie en général a pris une nouvelle tournure et est devenue très étendue et très complexe.

Polythéisme

Les Grecs croyaient qu'il existait de nombreux dieux différents et d'autres êtres mythiques, dont la plupart étaient des demi-dieux. Ils étaient donc polythéistes (*poly* = nombreux et *theos* = dieu) et vénéraient un *panthéon* de dieux et de déesses. Ce polythéisme s'explique en partie par le fait que de nombreux cultes locaux ont été réunis en une seule religion panhellénique, comme ce fut le cas pour la mythologie égyptienne. Les histoires des dieux ont été transmises oralement, ce qui explique probablement pourquoi des variantes locales et des faits contradictoires apparaissent ici et là.

Dans le monde grec, les sacrifices étaient faits pour propitier ou remercier les dieux. Cela se faisait souvent sur un autel. Un tel autel se trouvait dans un *temenos*, un domaine sacré, qui comprenait parfois un temple. Un sacrifice était souvent un produit agricole ; un don de sang était généralement un animal (sain). Les mythes font état de sacrifices humains, comme l'histoire dans laquelle Agamemnon sacrifie sa fille Iphiginée pour obtenir d'Artémis des vents favorables afin de naviguer vers Troie.

Les dieux grecs possédaient des pouvoirs extraordinaires, mais pouvaient prendre des formes humaines et présenter des comportements et des défauts humains. Les jeux de pouvoir étaient fréquents, et les émotions telles que la luxure, la colère, la joie et la jalousie ne leur étaient pas étrangères.

Célébrations

Les événements importants, comme les fêtes agricoles, étaient célébrés par des jeux rituels, des chants et des défilés spéciaux, souvent avec des masques de dieux. C'était particulièrement vrai pour le culte de Dionysos, le dieu du vin, de l'ivresse et d'un peu d'agriculture. Les tragédies et comédies grecques ont ensuite évolué à partir de ces parades masquées. Lorsque des décisions importantes devaient être prises, les gens demandaient souvent conseil. Les gens se rendaient au temple de Delphes pour y chercher un oracle, un avis des dieux.

Un tel oracle pouvait, en partie en se cachant dans des déclarations vagues et en partie par une grande connaissance politique, faire des prédictions étonnamment bonnes.

Expressions

De nombreux termes et expressions du langage contemporain sont dérivés de la mythologie grecque. Citons par exemple le tourment de Tantale, la boîte de Pandore, le travail sisyphéen, le talon d'Achille, le complexe d'Œdipe, le complexe d'Électre, l'écurie d'Augias, le talon d'Achille, l'odyssée, la muse et l'oracle (sort). De nombreuses planètes, étoiles et autres corps célestes portent également des noms issus de la mythologie grecque.

Histoires

Certaines de ces histoires, comme celle d'un déluge dévorant, se retrouvent dans d'autres systèmes mythologiques et de croyances. Le Tanakh/Old Testament et Platon parlent tous deux d'un "déluge". Des mythes très anciens de la mythologie mésopotamienne mentionnent également un tel événement. Une explication possible est qu'un tel événement s'est effectivement produit et a pris différentes formes à travers la tradition orale. Voir aussi les récits grecs du déluge et les origines de l'humanité dans la mythologie grecque.

Les premiers récits grecs connus sur la création du ciel et de la terre
remontent au 8e siècle avant J.-C. et ont été écrits par Hesiodos. Les
mythes et sagas grecs ont été recueillis et transmis par Homère, qui a
vécu au 8e ou 9e siècle avant J.-C. Ses œuvres les plus connues sont
l'*Iliade* et l'*Odyssée*. Ils sont basés sur l'histoire de la guerre de Troie. Les
mythes grecs dominent presque toute la littérature antique. Aujourd'hui
encore, nous retrouvons des éléments de la mythologie grecque dans de
nombreuses œuvres musicales classiques à partir du Moyen Âge, dans
des pièces de théâtre, des arts visuels et des œuvres littéraires.

Il existe également des histoires modernes sur la mythologie grecque.
Après des milliers d'années, c'est toujours un thème populaire.

La création du monde dans la mythologie grecque

Le récit le plus célèbre de la création du monde est la Théogonie
d'Hésiode.

Elle y joue un rôle : Gaia, Tartaros, Eros, Pontus, Ouranos, les Titans
(dont Okeanos, Prometheus, Iapetus, Kronos, Hyperion, Tethys, Themis,
Rhea et Theia), les Cyclopes, les Géants, les Erinyes, Héra, Hestia,
Déméter, Hadès, Poséidon, Zeus, Olympe, Aphrodite, Artémis, Pallas
Athène, Apollon, Héphaïstos, Typhon, les Moires et Héraclès.

Mythes et légendes de la mythologie grecque

- La saga d'Héraclès, y compris les histoires des Géants,
  d'Eurystheus, de l'Hydre, des Centaures, de l'étable d'Augias, de
  la ceinture de la reine des Amazones, du bétail de Géryonès, de la
  pomme des Hespérides, de Kerberos (le gardien des enfers) et du
  Centaure Nessus.
- Les Argonautes, y compris les histoires de Jason et de la Toison
  d'or.
- Thésée, avec des récits de voyages à Athènes et en Crète, la
  bataille des Lapithes et des Centaures et Phèdre.
- Œdipe et les Labdacides, y compris des histoires sur l'Oracle de
  Delphes, la ville de Colone, la quête de vengeance de Polynice,
  Antigone à Thèbes, Antigone et Créon.
- La guerre de Troie, avec des histoires sur Troie, le ressentiment
  d'Achille, la vengeance d'Apollon, la bataille pour Hélène, et
  Andromaque, Patroklos, Hector, Priamos, Penthésilée, Aiax,
  Ménélas, le cheval de Troie, Laocoön et Sinon.

- Le destin des Tantalides, y compris les récits d'Atreus, d'Agamemnon, d'Oreste, des Érinyes, de l'Aréopage et d'Iphigénie en Tauride.
- Les pérégrinations d'Ulysse, y compris les récits d'Ithaque, de Télémaque, du naufrage, de Nausikaä, des Phéaciens, des Lotophages, des Cyclopes, de Polyphème, d'Éole, des Laistrygons, du royaume des fantômes, des Sirènes, de Scylla et Charybde, d'Hélios, d'Eumée, de Pénélope, de Circé, de Laërtes et d'Hermès.

Immortels - Principaux dieux et déesses

Aphrodite

La déesse de l'amour, de la beauté et de la fertilité.

Les Romains identifiaient Aphrodite à leur déesse Vénus.

Dans la mythologie grecque, **Aphrodite** (grec ancien : Ἀφροδίτη, *Aphrodítē*) est la déesse de l'amour, de la beauté, de la sexualité et de la fertilité, entre autres. Certains la considèrent également comme la déesse de l'équilibre. Elle est issue de la déesse phénicienne Astarté, mais a été tellement réformée par les Grecs selon leurs dispositions et leurs besoins qu'elle est devenue une véritable déesse grecque. Elle est souvent représentée avec le dieu Eros et une oie.

Origine

Bien que l'image d'Aphrodite - principalement celle d'Aphrodite *Urania* - présente de nombreux traits orientaux, ses origines probablement orientales sont controversées. Certains chercheurs lui attribuent une origine indo-européenne, mais avec des traits résolument orientaux. Le rôle de Chypre semble avoir été important pour l'élément oriental dans l'image grecque d'Aphrodite. Au-delà de l'hypothèse orientale, il y a l'affirmation improbable de Tümpel selon laquelle elle serait d'origine thessalienne, puisque son culte était très répandu en Thessalie et en Béotie. Si l'on peut déjà voir une représentation d'Aphrodite en femme nue dont les organes génitaux sont fortement marqués et qui est entourée d'oiseaux sur certaines plaques d'or provenant de tombes à puits mycéniennes, on peut se demander dans quelle mesure la civilisation mycénienne et même minoenne était déjà sous influence orientale. Selon certains auteurs anciens, elle était considérée comme la plus ancienne des Moirs (déesses de l'arrangement).

Le nom du mois d'avril (lat. *aprīlis mēnsis*, de l'étrusque *Apru*, dérivé du grec *Aphrō*) vient d'Aphrodite. L'ancien calendrier de Romulus l'appelait le mois de Vénus.

Naissance

Il existe plusieurs histoires concernant la naissance d'Aphrodite dans la mythologie grecque ou ce qui peut être considéré comme tel. Selon Homère, elle était la fille de Zeus et de Dione, une titanide ou une océanide. Aphrodite était parfois identifiée à cette mère, symbole de la fertilité de la nature, qui rendait à la semence dispersée en elle une riche récolte, bien que Théia (Dione), en tant qu'être divin distinct, ait eu sa propre signification et personnalité.

D'autres disent qu'Aphrodite est une fille d'Uranus et de la déesse du jour Hemera ; d'autres encore tentent de concilier les différents mythes concernant son origine en adoptant trois ou quatre déesses de ce nom.

Le plus célèbre, cependant, est le mythe raconté par Hésiode, selon lequel Aphrodite est née de l'écume argentée (grec : ἀφρός / aphrós) de la mer au moment où les vagues de la mer ont été fécondées par quelques gouttes de sang tombées du premier dirigeant du monde et roi des dieux Uranus, après que ce dernier ait été castré par son fils Kronos avec une faucille de diamant et ensuite privé de domination. Elle s'est levée des barres de la mer comme la plus belle de toutes les femmes, blanche comme l'écume d'où elle était née, et la beauté et la beauté se trouvaient sur son visage souriant et sur tout son être. C'est ainsi qu'on lui a donné le nom d'Aphrodite, " celle qui est née de l'écume ", ou d'*Anadyomène*, " celle qui émerge ".

Elle a d'abord traversé les eaux jusqu'à l'île de Cythère, d'où elle a reçu le surnom (epiklese) de "Cythère", ou *Kythereia*. Elle s'est ensuite rendue sur l'île de Chypre. Là où elle est apparue, les terrains vagues se sont transformés en champs fleuris, les fleurs ont poussé sous ses pieds charmants et la terre entière s'est réjouie d'une joie céleste. Un léger souffle du Zéphyr l'avait portée jusqu'à la terre. Là, les cornes du printemps l'attendaient pour la porter aux dieux immortels, ou, comme l'a représenté le célèbre sculpteur Phidias, lorsqu'elle émergea de la mer, elle fut reçue par Eros (qui pouvait alors difficilement être considéré comme son fils, à moins qu'il n'y ait ici un accord avec le mythe égyptien plus ancien d'Isis, Osiris et Horus), couronnée par Peitho et bientôt entourée de tous les dieux du ciel et de la terre.

Culte et épiklès

Aphrodite est donc en relation avec les trois parties de l'univers par sa naissance et sa descendance. Son origine est dans le ciel, elle est née de la mer et la terre l'a reçue avec toute la splendeur et la gloire que le printemps peut donner. Cette triple relation qu'Aphrodite entretient avec la nature a eu une grande influence sur son culte.

En effet, elle est d'abord vénérée sous le nom d'*Urania*, c'est-à-dire la "Céleste", comme la déesse qui appartient aux dieux célestes et qui a sa demeure avec eux.

Deuxièmement, en tant qu'*Aphrodite Pandemos*, c'est cette déesse qui affirme son pouvoir sur toute la terre et tout le peuple. Les gens ont très souvent fait le contraste - erroné - entre *Aphrodite Urania* comme déesse de l'amour pur et chaste et *Aphrodite Pandemos* comme celle de l'amour sensuel. Toutefois, ce point de vue n'était pas répandu à l'origine chez les Grecs. La conception originale de ces deux noms était qu'*Aphrodite Urania* était une puissante déesse du ciel, l'ancienne déesse de la nature, le symbole de la fertilité de la nature, tandis qu'*Aphrodite Pandemos*, d'autre part, était la déesse qui, par sa puissance - le besoin d'amour inné dans chaque être humain - imprègne la nation entière.

Une troisième Aphrodite, appelée *Euploia*, était une déesse de la mer et de la navigation. À ces trois titres, elle était adorée, par exemple, sur le promontoire de Cnide en Asie Mineure dans trois sanctuaires distincts.

En d'autres lieux, la déesse était vénérée pour son extraordinaire influence sur le cœur des hommes, auxquels elle inspirait amour ou aversion, et cette *Aphrodite Epistrophia* ou *Apostrophia*, reflétée dans la *Vénus Verticordia* romaine qui est "qui tourne les cœurs", apparaissait comme la troisième déesse en compagnie d'*Aphrodite Urania* et *Pandemos*. Cependant, la mythologie ultérieure a fait une telle distinction

entre les différentes formes principales sous lesquelles la déesse était
vénérée que même une généalogie différente a été adoptée pour chaque
forme.

Aphrodite Urania

Le plus distinct des autres formes de son culte était certainement celui
d'*Aphrodite Urania*. Il s'agissait du même culte que celui d'*Aphrodite
Akraia*, c'est-à-dire "sur les hauteurs", qui était surtout indigène à Chypre,
à Cnide, à Corinthe et sur le mont Eryx en Sicile. Ce service était très
simple. Aucun sacrifice sanglant n'était autorisé sur ses autels. L'image
d'*Aphrodite Urania* était armée et on la vénérait en même temps qu'Arès.
Les femmes étaient exclues de son culte presque partout. À Sicyon, où
ses prêtresses devaient observer une stricte chasteté, elle portait sur la
tête un symbole de la voûte céleste et dans les mains un coquelicot et une
pomme, symboles de fertilité. *Aphrodite Urania* était toujours représentée
entièrement vêtue, et l'on s'efforçait de donner à ses images l'empreinte
du sérieux et de la chasteté, de sorte que plus tard elle devint
naturellement le symbole de l'amour pur et de la fidélité conjugale. Mais
sa véritable signification en tant que déesse de la nature était celle du ciel
étoilé, apportant la bénédiction et la fertilité d'en haut, en particulier à
travers la rosée des nuits fraîches. Par exemple, on croyait sur le mont
Eryx que le grand autel que la déesse y possédait était rempli de rosée
chaque matin et d'herbe fraîche qui avait poussé pendant la nuit.

Le symbole réel de cette déesse était la lune, et outre la lune, elle était
également associée à l'étoile Vénus (l'Aphrodite grecque a été identifiée
plus tard avec la Vénus romaine).

Cette *Aphrodite Urania* était louée et invoquée par les sages, et louée
pour son éclat, qu'elle répandait dans les cieux par sa grande puissance,
et la fertilité, qu'elle faisait descendre des cieux sur la terre.

Aphrodite Pandemos

Plus élaboré, et plus attrayant pour la plupart des Grecs, était le culte de
cette Aphrodite qui n'était pas une déesse abstraite de la nature, mais qui
affirmait son pouvoir et son influence sur tout le pays et tout le peuple,
celui d'*Aphrodite Pandemos*. C'est la déesse des jardins et des fleurs, la
déesse séduisante du printemps, la déesse qui charme les sens par
l'amour. Elle était surtout associée aux belles fleurs qu'elle produisait,
comme les myrtes et les roses. Elle s'est révélée de préférence dans
l'humidité fertile du printemps. Lorsque le zéphyr recommençait à souffler

13

et que Zeus et Héra célébraient leurs noces, lorsque les cieux faisaient tomber sur la terre une pluie fertilisante et que le sommeil mort de l'hiver cédait la place à la vie jeune et fraîche du printemps, c'était le moment d'adorer *Aphrodite Pandemos*.

Les poètes grecs aimaient chanter sa puissance, la puissance de l'amour, telle qu'elle se révèle dans toute la nature, en particulier au printemps. À cette époque de l'année, la déesse elle-même goûte aussi au doux plaisir de l'amour. Elle reste avec Adonis à Chypre, avec Hephaistos à Limnos, avec Arès à Thèbes, avec Anchise dans les forêts des monts Ida. Il va sans dire que les principales fêtes de cette Aphrodite étaient célébrées au printemps, notamment à Paphos et à Amathus à Chypre, où l'on commémorait alors également la naissance d'Aphrodite de la mer.

À la gaieté et à l'exubérance de ces fêtes de printemps s'opposait cependant la profonde tristesse, tout aussi excessive, qui caractérisait une partie du culte d'Aphrodite lors de ces fêtes et qui était liée à la mort d'Adonis.

Ce beau jeune homme, qui faisait paître les troupeaux dans les montagnes en tant que berger ou errait dans les forêts en tant que chasseur, pouvait se réjouir de l'amour d'Aphrodite, jusqu'à ce qu'un sanglier le tue. La déesse l'a cherché, a fini par trouver son cadavre et n'a même pas pu s'en séparer. Finalement, les dieux eurent pitié d'elle et permirent à Adonis de ne passer que la moitié de l'année dans les enfers, mais pendant l'autre moitié de profiter de la lumière glorieuse du soleil en compagnie d'Aphrodite aussi longtemps que durèrent le printemps et l'été.

En Orient surtout, de très grandes fêtes étaient attachées à ce mythe. La disparition d'Adonis était alors symboliquement représentée ; les gens le cherchaient jusqu'à ce qu'ils trouvent finalement son cadavre et le pleuraient. Toutes les cérémonies, toutes les lamentations, dont s'accompagne une cérémonie d'enterrement, étaient également exécutées et chantées par les processionnaires, qui portaient son image comme celle d'un mort, jusqu'à ce que, à la fin de la fête, le cri de joie retentisse : " *Adonis est vivant et il est ressuscité ! "*. ". Ainsi, la nouvelle de son retour a transformé le chagrin en joie. Les gens entretenaient également de petits jardins avec des fleurs à floraison courte en son honneur.

Ces fêtes étaient une représentation allusive de la nature éphémère des plaisirs offerts par le printemps, exprimant le sentiment de crainte et de morosité qui assaille l'homme lorsque tout dans la nature semble entrer dans le sommeil de la mort.

Le mythe parle de deux enfants, que la déesse aurait donnés à Adonis, et mentionne leurs noms : Golgos et Beroë.

Aphrodite Euploia

Troisièmement, Aphrodite est en relation avec la mer. C'est pourquoi on l'appelle *Euploia*, c'est-à-dire *qui accorde une bonne navigation*. D'autres épithètes indiquant son lien avec la mer sont *Pontia (kai Liménia) (de la mer profonde (et du port))*, *Thalassía (de la mer)*, *Liménia (du port)*, *Aligéna (née de la mer)*, *Epipóntia (de la mer)* et *Pelágia (des côtes)*. Bien sûr, c'est à ce titre qu'elle était le plus souvent vénérée sur les côtes. C'est une déesse de la mer calme et tranquille. Elle sait comment calmer Poséidon, lorsqu'il veut créer des tempêtes, et assure aux marins un voyage heureux et les conduit dans un port sûr.

Autres apparitions d'Aphrodite

D'autres ont rejoint ces trois représentations d'Aphrodite. Tout d'abord, elle était vénérée comme une déesse de la beauté. Elle-même possédait une telle beauté, et tous les attraits qu'une femme peut avoir étaient entièrement les siens. C'était son travail de faire ressortir cette beauté en ornant le corps.

Les actes de guerre, qui témoignent d'un esprit masculin, lui sont totalement étrangers. Si elle s'aventure dans la guerre, elle en souffre beaucoup, comme lorsqu'elle fut blessée devant Troie par Diomède, qui avait le soutien de Pallas Athéna. Sur le champ de bataille, elle ne peut pas affirmer son pouvoir, et pourtant elle est puissante. Non seulement elle aide les Troyens à supporter la longue bataille par le soutien qu'elle prête à son chéri Pâris et à son fils Énée, mais elle soumet tous ceux qu'elle veut mettre sous sa coupe par le pouvoir irrésistible de sa beauté.

L'Aphrodite dorée, l'Aphrodite au doux sourire, sont des épithètes faisant référence à cet attribut. Elle porte la gaine de l'amour, qui contient en elle tous les outils magiques dont dispose l'amour : le désir féroce et le doux langage de l'amour, qui font que même les esprits les plus sensés s'écartent du droit chemin. Ses yeux, sa belle poitrine, sa jolie bouche, que l'on compare à un bouton de rose, sont souvent chantés avec enthousiasme par les poètes grecs. Quand on veut souligner la beauté exquise d'une femme mortelle, on la compare à Aphrodite.

Par les Cornes et les Charites, elle est toujours enveloppée de fleurs de printemps ; ses vêtements sont imprégnés des parfums de ces fleurs.

15

Cette décoration simple mais belle de la déesse avec des fleurs a également été adoptée par les arts visuels, qui ont tenté de représenter l'idéal de beauté féminine d'Aphrodite. On s'en est écarté en Orient, mais pas dans l'art authentique de la Grèce antique.

Outre les épithètes déjà mentionnées, la déesse était vénérée sous plusieurs autres noms, notamment d'après les lieux où elle avait des temples, comme *Kypris*, *Kythereia*, *Kytherea* (d'après l'île de Chypre), *Paphia* (d'après la ville de Paphos), *Amathusia* (d'après la ville d'Amathus), *Idalia* (d'après le mont Ida), *Knidia* (d'après la ville de Cnide), *Erykine/Erykina* (d'après le temple dédié à Aphrodite sur le mont Eryx en Sicile) ou *Akadalia* (d'après la source du même nom en Béotie, où Aphrodite se baignait avec les Charites).

Parmi ses autres surnoms, il convient de mentionner :

- *Areia*, c'est-à-dire "la guerrière", faisant allusion au lien étroit qui l'unissait à Arès. En conséquence, elle était en quelque sorte devenue une déesse de la guerre elle-même. C'est surtout à Sparte, où les femmes excellaient par leur beauté extraordinaire, qu'elle était vénérée sous ce nom. Elle y avait un temple avec une statue très ancienne portant des armes. Plus tard, le service d'*Aphrodite Areia* a également été transféré à Corinthe, Cythère et Chypre.
- *Aphrodite Anadyomene*, signifie "surgir de la mer" et fait référence à la naissance d'Aphrodite à partir de l'écume de la mer agitée.
- *Aphrodite Erykine était un* surnom d'Aphrodite d'après le mont Eryx en Sicile, où elle avait un magnifique temple sur sa pointe nord-ouest. Ce temple, disait-on, avait été fondé par son fils Eryx, qu'elle avait fait naître de Butes. Sous le même nom, la déesse était adorée à Psophis en Arcadie, où Psophis, la fille d'Eryx, lui a construit un temple. Le service de cette déesse s'est répandu dans toute la Sicile et est arrivé de là à Rome au début de la deuxième guerre punique, où un temple lui a été érigé en l'an 217 avant J.-C. après la bataille du lac Trasimène. Un deuxième temple a été construit devant la *Porta Collina* en 181 av.
- *Aphrodite Hetaira* était à l'origine une déesse qui protégeait et contrôlait le lien intime de l'amitié ; elle devint ensuite la déesse protectrice de ces femmes d'Athènes qui, comme nous l'avons vu plus haut, consacraient entièrement leur vie au service de cette déesse et osaient se comparer à elle.
- *Aphrodite Kallipygos*, qui était particulièrement vénérée en Sicile, était désignée par ce surnom comme "la déesse aux fesses propres". Ce surnom excentrique a été expliqué par une légende,

originaire de Syracuse. Là, deux sœurs se sont disputées pour savoir laquelle d'entre elles surpassait l'autre en beauté en ce qui concerne cette partie du corps. Ils firent appel à un jeune homme comme arbitre, qui trancha en faveur de la sœur aînée et fut si charmé par sa beauté qu'il voulut en faire sa femme. Il en fit part à son jeune frère, qui se prit d'affection pour la jeune sœur, et bien que les filles soient les filles d'un simple fermier et les garçons les fils d'un riche citoyen de Syracuse, ce dernier accepta que ses fils épousent les filles du fermier. En remerciement, les deux sœurs érigent à Syracuse un temple en l'honneur d'*Aphrodite Kallipygos*, dans lequel la statue de la déesse est placée avec sa robe suspendue au-dessus des hanches.

- *Aphrodite Ktesylla était le* nom de la déesse qui se tenait dans un temple à Iulis sur l'île de Kéa. Après qu'Hermocharès eut enterré sa femme Ktesylla, qu'il avait perdue lorsqu'elle lui avait donné un fils, une colombe s'envola vers le ciel depuis le cercueil. Son cadavre avait disparu. L'oracle de Delphes déclara alors qu'Aphrodite l'avait prise pour lui et qu'en mémoire de cela, il fallait construire un temple à *Aphrodite Ktesylla*.
- À Sparte, en même temps qu'une *Aphrodite Urania*, dont l'image était représentée armée, on adorait également une *Aphrodite Morpho*, apparemment une déesse de l'amour chaste et de la fidélité conjugale.
- *Aphrodite Melainis* ("la noire"), également appelée *Aphrodite Melaina*, semble avoir fait l'objet d'un culte particulier à Thespiae, à Melangeia et à Corinthe. Cette épiklèse d'Aphrodite semble avoir indiqué la nature chtonique d'Aphrodite, en tant que déesse de la fertilité.
- *Aphrodite Nymphia* était la protectrice des fiancés et des jeunes mariés. Thésée lui a donné un sanctuaire juste à l'extérieur de Troezen lorsque ce dernier a pris Helena pour épouse. Son surnom était dérivé de νύμφη / nýmphê, un terme désignant une jeune fille passant de l'adolescence à la femme mariée.
- *Aphrodite Peitho* était une fusion d'Aphrodite et de son compagnon Peitho, mettant l'accent sur l'aspect du mariage et des fiançailles, qui était déjà patronné par les deux divinités et était maintenant encore plus étroitement lié à Aphrodite par la fusion des deux déesses, pour ainsi dire.
- *Aphrodite Xene*, c'est-à-dire "l'étrange Aphrodite", était le nom sous lequel on prétendait que Ménélas avait érigé un temple à Aphrodite en Égypte. En effet, lorsque Pâris, après avoir secoué Hélène, se rendit à Troie, il entra également en Égypte, mais le roi de ce pays, Protée, la garda pour lui et chassa Pâris du pays, seul ou avec une fausse image d'elle. Il garda cependant Hélène avec

lui et la rendit plus tard avec les trésors pillés par Pâris à Ménélas, qui érigea un temple à Aphrodite en remerciement. Les Romains appelaient cette déesse *Vénus Hospita*.

- La prétendue *Aphrodite d'Aphrodisias*, déesse de la ville d'Aphrodisias en Anatolie, semble avoir été une divinité carienne originelle, qui se serait fondue dans une trinité d'Aphrodite *Ourania*, *Pandemos* et *Pelagia*. À ce titre, Aphrodite a été vénérée dans toute la Méditerranée jusqu'à la période impériale romaine. L'empereur Hadrien, entre autres, était un ardent adorateur d'elle. Au Ve siècle, cependant, son temple a été transformé en basilique chrétienne. Aujourd'hui, la statue se trouve à Paris, où elle est toujours visitée quotidiennement par des touristes.
- *Isis-Aphrodite* était l'association faite d'elle en Egypte. Les représentations en terre cuite polychrome de la déesse nue, couronnée d'une corne d'abondance transformée en panier ou corne d'abondance, étaient couramment offertes aux jeunes couples comme cadeaux de mariage, exprimant le désir de fertilité. Après la mort, ils étaient offerts comme cadeaux funéraires. L'association avec l'Égypte s'explique par la grande admiration des Grecs pour l'ancienneté de cette culture. Les personnes aisées allaient même y étudier en partie pour cette raison.

Fêtes des aphrodites

Les Aphrodisia étaient des fêtes célébrées en l'honneur d'Aphrodite, principalement sur l'île de Chypre, le plus souvent dans la ville de Paphos. Pendant ces fêtes, aucun sacrifice sanglant n'était autorisé à la déesse, qui était adorée ici sous la forme d'un cône rond pointu ou d'une petite pyramide blanche. La flamme du feu sacrificiel, l'encens et la myrrhe lui étaient agréables. Plus tard, les *Aphrodisia* semblent avoir été accompagnés de mystères dédiés à Aphrodite. Les *aphrodisiaques* étaient également célébrés au temple d'Aphrodite à Amathus, qui, après celui de Paphos, était le plus célèbre temple de la déesse à Chypre, ainsi que sur l'île qui lui est dédiée, Cythère. En outre, les *Aphrodisia* étaient célébrées à Aigina, à Thèbes, à Corinthe et à Athènes, mais elles étaient très probablement connues dans toute la Grèce. Dans la plupart des endroits, les hétaïres participaient à ces fêtes avec leurs amants.

Au temple de l'Eryx en Sicile, de curieuses fêtes étaient célébrées : l'*Anagogia* et la *Katagogia*. En effet, dans ce temple et à proximité, on gardait de nombreuses colombes qui, à une certaine heure, s'envolaient toutes, disait-on, vers la Libye. Cela était considéré comme le départ d'Aphrodite et célébré par une fête, l'*Anagogia*. Neuf jours plus tard, les

colombes sont revenues avec, à l'avant, une colombe étrange,
extraordinairement belle. C'est ce qu'on appelait le retour de la déesse,
qui était fêté par les *Katagogia*.

Aphrodite par rapport aux autres dieux et aux mortels

Comme mentionné, Aphrodite est une déesse de l'amour et de la fertilité.
Elle confère aux mortels le charme captivant qui suscite l'amour, mais elle
inspire aussi la passion dévorante de l'amour. Elle-même a précédé par
son exemple. Elle a ressenti la passion de l'amour, elle en a rendu plus
d'un heureux en lui donnant son amour. Elle épousa Hephaistos, le dieu
infirme du feu, mais ce dernier ne put longtemps se réjouir de sa fidélité.
Le masculin, le belliqueux Arès, le dieu de la guerre a réussi à la
conquérir. Quand Héphaistos a remarqué l'adultère de sa femme avec
Arès, il a fabriqué un filet astucieux. Alors que les deux amants se
croyaient à l'abri de toute perturbation, ils furent soudain pris dans ce filet
par Héphaistos et abandonnés aux regards et aux paroles moqueurs des
autres dieux.

De cette union d'Aphrodite et d'Arès naquirent sept enfants : Harmonia,
Deimos, Phobos, Eros, Himeros, Pothos et Anteros.

Aphrodite entretenait également une relation très étroite avec Hermès. Le
fruit de leur union fut Hermaphrodite.

Avec Dionysos, selon certains, elle était la mère de Priapos. Elle semble
avoir une relation étroite avec ce dieu de la fertilité, car on trouve plusieurs
sanctuaires d'Aphrodite et de Dionysos à proximité les uns des autres.

Mais pas seulement les dieux, même les mortels étaient parfois autorisés
à se réjouir de l'amour de la déesse. On a déjà vu ça avec Adonis. La
légende suivante montre clairement que la déesse n'appréciait pas que
l'on se moque de ses aventures amoureuses : lorsque la muse Clio s'est
moquée de l'amour d'Aphrodite pour Adonis, elle a été punie par la
déesse en aimant Pieros, à qui elle a donné naissance à Hyakinthos.

Le mythe raconte ensuite son amour pour le prince berger troyen Anchise,
qu'elle a cherché dans les forêts ombragées des montagnes de l'Ida. Elle
lui a donné un fils, Énée, qu'elle a toujours soutenu comme une mère
fidèle tout au long de sa vie. Elle l'a sauvé lorsqu'il a été blessé au
combat, l'a porté avec son père en sécurité hors de Troie, lorsque la ville a
été détruite et que presque tous les malheureux habitants ont péri. Elle l'a
aidé dans toutes les difficultés qu'il a dû affronter au cours de ses

pérégrinations, et grâce à ses efforts, il lui a été donné de jeter les bases de l'empire romain, qui devait un jour dominer le monde. Son affection fut transférée à ses descendants, qui se nommèrent Ascanius, le fils d'Aeneas Julii, de sorte que même le grand réformateur de l'État romain, Jules César, pensait avoir la faveur spéciale d'Aphrodite.

Butes aussi, l'un des Argonautes, qui, attiré par le chant des Sirènes, sauta de l'Argo dans la mer, put partager l'amour d'Aphrodite, qui le sauva et le chérit. Elle lui a donné un fils nommé Eryx.

D'autres, s'ils n'étaient pas amoureux, étaient autorisés à se réjouir de la faveur exceptionnelle de la déesse. Parmi ceux-ci, le premier à être mentionné est Pâris, le fils du roi troyen Priamus. En effet, Aphrodite lui était redevable. En effet, lors des noces de Pélée et Thétis, auxquelles elle seule de tous les dieux et déesses n'avait pas été invitée, la déesse de la discorde, Eris, avait jeté une pomme d'or avec l'inscription "à la plus belle", et Héra, Athéna et Aphrodite s'en disputaient la possession, Pâris fut nommé arbitre par Zeus. Il attribua la pomme à Aphrodite, guidé en cela par la beauté irrésistible de la déesse et par la promesse qu'elle lui fit de lui accorder l'amour de la plus belle femme de la terre. Elle remplit cette promesse en lui gagnant le cœur d'Hélène, épouse du roi spartiate Ménélas. Aphrodite a toujours continué à protéger et à favoriser Pâris, jusqu'à ce qu'il tombe par l'épée des Grecs peu avant ou à la chute de Troie.

Hippomène, le fils de Méléagre, a également bénéficié de l'affection de la déesse lorsqu'il a couru sur Atalante. Cette dernière vivait solitaire dans les forêts et défiait à la course quiconque convoitait sa main. Il devait ensuite commencer à courir sans arme vers un certain objectif. Elle le suivait avec une lance et le transperçait lorsqu'elle l'avait rattrapé et le vainquait ainsi. Cependant, Aphrodite a donné à Hippomène trois belles pommes d'or, qu'il a jetées aux pieds d'Atalante une à une pendant la course. Surpris par la vue de ces magnifiques bibelots, l'Atalante, qui courait après lui, se baissa pour les ramasser un par un. Mais elle a perdu tellement de temps que l'heureux élu a atteint le but en premier.

Dans une autre version de l'histoire, on raconte que le cœur d'Atalante resta froid, même pour l'amour de Meleager, mais qu'ensuite Meilainion, le fils d'Amphidamas, captivé par sa beauté, la poursuivit sans relâche, quand elle le fuyait aussi, et qu'il souffrit et lutta pour elle. Il la servait sans se lasser, jusqu'à ce qu'enfin Aphrodite lui fasse plaisir et qu'elle épouse Meilainion.

À Chypre, on connaissait Cinyras, le premier prêtre de la déesse, créateur des lamentations, qui étaient chantées lors des fêtes (*Adonia*) commémorant la mort d'Adonis. On lui attribue l'institution des fêtes nocturnes célébrées en l'honneur de la déesse (*Pervigilia Veneris*). La déesse lui accorda la beauté, la richesse, la capacité, le bonheur, tout ce qu'il conserva jusqu'à un âge avancé, et après sa mort, ses cendres et plus tard celles de ses descendants furent autorisées à reposer dans son temple.

De plus, Pygmalion a été récompensé pour sa fidèle adhésion au service de la déesse, car elle a donné souffle et vie à une statue d'ivoire qu'il a fabriquée, qui portait le nom de Galathée, pour laquelle il s'est enflammé d'amour, afin qu'elle devienne sa compagne de vie.

Lorsqu'un certain Sélemnos, qui avait été abandonné par sa bien-aimée, la nymphe printanière Argyra, lorsque sa beauté diminua, fut consumé de chagrin à cause de cela, Aphrodite, qui eut pitié de lui, le transforma en un fleuve, qui possédait cette propriété que quiconque s'y baignait était désormais tourmenté par le chagrin d'amour.

En tant que déesse de l'amour, Aphrodite engendre cette passion dans l'esprit des gens. Surtout dans le cœur des femmes, elle l'enflamme comme un feu dévorant. Nous en avons déjà vu un exemple chez Hélène, à qui elle a inculqué un amour de Paris si grand qu'elle a été tentée de quitter mari, enfant et patrie.

De même, elle a réussi à allumer chez Médée une passion si féroce pour Iason, qu'elle a oublié tout sens du devoir et tout amour pour ses parents, pour suivre l'homme aimé.

C'est également Aphrodite qui aveugla par la passion les cœurs de Pasiphaë et d'Ariane et qui fit concevoir à Phèdre un amour impie pour son beau-fils Hippolyte, qui s'était voué au service d'Artémis. D'où une bataille entre les deux déesses, qui s'est terminée par la triste mort de leurs protégés.

Aphrodite avait aussi un destin similaire en tête pour Psyché, lorsqu'elle ordonna à son fils Eros de prendre une de ses flèches d'or les plus acérées, pour en percer le cœur de Psyché, afin d'éveiller dans son sein un amour incurable pour le plus méchant et le plus petit de tous les hommes qui vivaient sur la terre. Mais lorsque Eros se blesse avec sa flèche, il est lui-même envahi par l'amour de Psyché et décide de garder son amour pour lui. Finalement, il a réussi à réconcilier sa mère et les amoureux ont pu rester ensemble.

Lorsque les Propoitides, des jeunes filles d'Amathus à Chypre, ont nié qu'Aphrodite était une déesse, pour être punies pour cela, elles ont été les premières à être assaillies d'un tel désir d'amour sensuel qu'elles ont sombré dans l'humiliation la plus profonde. Puis ils ont été transformés en pierres par la déesse, par pitié.

Aphrodite élèvera également Klytia et Kameiro, filles de Pandareos et Harmothea, après la mort de leurs parents en raison de leur participation aux atrocités de Tantalos.

Ce pouvoir d'Aphrodite, qu'elle peut exercer par la passion amoureuse, est une matière inépuisable pour les poètes grecs, car ce pouvoir est infini. Elle s'étend même au-delà du royaume des morts. Ceux qui ont été rendus malheureux par l'amour sur terre errent toujours sans repos dans un endroit séparé du monde souterrain.

Aphrodite accorde également le plaisir de l'amour. Goûter cela est même un devoir pour elle. Celui qui la dédaigne ou la méprise est son ennemi. Comme Hippolyte a rejeté l'amour que lui offrait Phaidra, elle a causé sa mort. Comme Narcisse est resté insensible à l'amour de la belle nymphe Echo, celle-ci lui a inculqué un amour pour lui-même, qui est devenu la cause de sa mort.

Ce trait de l'être de la déesse a donné naissance à une institution qui nous paraît étrange. Dans beaucoup de ses temples, des prêtresses observaient le service du temple, jouaient de la musique et dansaient lors de ses fêtes, mais se donnaient aussi à un moment donné à quiconque le désirait (Hiérodules). Cependant, il existe une grande ambiguïté au sujet de ces institutions et des recherches récentes ont remis en question cette soi-disant prostitution des hiéroglyphes.

Dans l'Antiquité, on considérait qu'il s'agissait d'une institution de régulation. Solon a donc prescrit ces institutions dans ses lois. Chez certains, *Aphrodite Pandemos*, qui était vénérée de cette manière, en raison de cette institution, n'était plus tenue en haute estime, car ils avaient une vision différente de la sexualité.

Aphrodite était également la déesse de l'amour sensuel "pur". L'amour, qui est à l'origine de la procréation de la race humaine, sans lequel aucun état ne peut continuer à exister, était un corollaire de son être, même purifié par l'institution sacrée du mariage. La plus belle chose qu'Aphrodite puisse accorder à une fille est un mariage heureux. C'est le summum du bonheur, que la femme reçoit de sa main. La jeune femme était sous sa protection et elle était également proche de la femme mariée dans les heures difficiles où elle donnait naissance à ses enfants. C'est pourquoi elle était souvent invoquée en même temps qu'Artémis et la déesse séparée Eileithyia, qui, à une époque plus tardive, aidait surtout les femmes qui accouchaient, représentait une partie de son être ainsi que celui d'Artémis.

L'amour conjugal pur et fidèle, la discipline domestique et l'honneur, voilà ce qu'elle a pris sous son aile. Mais tout cela a été attribué à *Aphrodite Urania*, et d'où le fort contraste, qui, bien que n'étant pas dans l'essence originelle de la déesse, a été fait dans les temps ultérieurs par certains entre l'*Urania* et le *Pandemos*.

À la fin de l'époque classique, la prospérité de certains *poleis* rendait plus fastueux le service d'Aphrodite, auquel contribuaient également les "hetaeren", dames de compagnie qui séjournaient souvent en compagnie des hommes les plus en vue. Elles étaient belles, souvent sagaces, pleines d'esprit et instruites. Les Hetaeren étaient souvent comparées à Aphrodite ou représentées comme Aphrodite par les sculpteurs ou les peintres.

Les compagnons des aphrodites

Aphrodite était toujours entourée d'une foule d'êtres dont la tâche principale était d'ajouter à sa beauté et à sa grâce. Tout d'abord, les Horns et les Charites étaient toujours en sa compagnie. Nous avons déjà vu que ce sont eux qui l'habillent et la parent de la ceinture, dans laquelle réside la magie de l'amour, qui donne à la déesse son pouvoir sur les dieux et les hommes. En outre, Peitho, la déesse de la persuasion flatteuse, Eros, Pothos et Hymenaeus, c'est-à-dire "le dieu de l'amour", du "désir" et du "désir féroce" et enfin l'Hymen ou Hymenaios, le dieu du mariage et des noces.

Attributs des aphrodites

A Aphrodite était sanctifié tout ce qui se distinguait par une fertilité extraordinaire : ainsi, dans le règne végétal, le myrte et la pomme (μῆλον / mēlon : ooft), parmi les animaux le bélier, la chèvre, le lièvre, la colombe, le moineau et les dauphins. Le cygne est aussi traditionnellement considéré comme l'oiseau préféré de la déesse, mais il faut aussi mentionner le miroir, que la déesse aurait utilisé lorsque Pâris a porté son jugement sur l'Ida, alors qu'Héra et Athéna n'y sont pas parvenues.

Aphrodite dans les arts visuels

Quant aux statues d'Aphrodite, on en trouvait en grand nombre dans toute la Grèce dans l'Antiquité.

Il faut toutefois distinguer les plus anciennes représentations symboliques de la déesse des statues, qui doivent leur origine à l'art grec plus tardif et développé. À Paphos, à Chypre, par exemple, elle était vénérée sous la forme d'un cône ou d'une pyramide placée dans la partie la plus sacrée du temple *(naos)*. Parmi les images d'Aphrodite proprement dite, on peut observer une grande distinction entre la représentation d'*Aphrodite Urania* et les images de cette Aphrodite, qui est également restée proche de la beauté terrestre brève et éphémère qu'elle avait octroyée et l'a accompagnée dans la tombe (*Aphrodite Epitumbidia*), et la représentation de la déesse de l'amour sensuel, de la beauté, du charme et du plaisir. La première porte comme attributs une colombe, une pomme, une fleur ou un œuf et est généralement couverte de vêtements ; la seconde, en revanche, est généralement partiellement ou totalement nue, porte une chèvre ou un lièvre et porte souvent un miroir à la main. Parmi les statues les plus célèbres de la déesse dans l'Antiquité figure celle du temple de Cnide, réalisée par le sculpteur athénien Praxitèle.

Cet artiste est le créateur de l'idéal que les artistes grecs ont tenté d'atteindre dans leurs représentations d'Aphrodite. Une Aphrodite décorée de vêtements sur l'île de Kos par le même artiste semble également avoir figuré parmi les œuvres d'art les plus remarquables de l'Antiquité.

Une autre image célèbre d'Aphrodite, avec Eros et Pan, est également attribuée à Praxitèle. A partir de cette image, on peut voir que la sandale avait une connotation érotique dans la culture grecque. De même, des sandales d'hetairen ont été trouvées avec le message "suivez-moi".

 Plusieurs peintures célèbres de maîtres grecs ont également représenté la déesse.

Parmi celles-ci, l'*Aphrodite Anadyomène* d'Apelles était la plus célèbre. Cette charmante déesse de l'écume émergeant du déluge a été représentée dans le tableau considéré comme le chef-d'œuvre du grand peintre grec Apelles. Elle était complètement nue et dépeignait ses cheveux en les séchant avec ses mains. Les habitants de l'île de Kos ont accroché ce tableau dans le temple d'Asklepios ; l'empereur Auguste l'a ensuite emporté à Rome et, en compensation, a renoncé à une partie des impôts que les habitants de Kos devaient payer. Il l'a fait accrocher dans le temple de Divus Julius (le Jules César déifié). Déjà à l'époque de l'empereur Néron, la peinture avait été complètement oblitérée et devait être remplacée par une autre œuvre d'art.

Parmi les statues d'Aphrodite qui ont survécu, la plus belle et la plus célèbre est la Vénus de Milo, découverte sur l'île de Melos (aujourd'hui Milo) en 1820. Comme le montre l'image, dans cette statue, la partie supérieure du corps est nue et les membres inférieurs sont recouverts d'une fine robe à partir des hanches. Les bras étant perdus, il est impossible de déterminer avec certitude l'image que l'artiste avait en tête en réalisant cette statue.

Après celles-ci, la première à être mentionnée est la "Vénus Médicis", aujourd'hui à Florence. Cette statue a été trouvée à Rome. Sur le piédestal, un artiste athénien nommé Kleomenes est désigné comme le créateur. L'époque à laquelle vivait cet artiste est totalement incertaine. La statue n'est probablement pas plus ancienne que l'époque de l'empereur Auguste.

Une autre statue célèbre est celle de la "Vénus accroupie". La déesse est représentée en train de se pencher dans le bain. Cette statue compte parmi les plus belles représentations d'Aphrodite qui nous soient parvenues.

L'une des statues les plus copiées est probablement l'"Aphrodite de Fréjus" ou la "Venus Genetrix". Ici, la déesse est plutôt dépeinte comme une déesse maternelle. Elle est couverte d'un sous-vêtement qui se referme autour du corps, ne laissant que le sein gauche exposé. D'un mouvement gracieux du bras droit, elle remonte son vêtement supérieur de tissu plus grossier qui tombe en arrière. Le visage est plus rond que dans les sculptures modelées sur Praxitèle ; l'expression de la chaste moralité et de la dignité féminine du sculpteur fait une impression saisissante.

Enfin, il convient de mentionner une statue d'Aphrodite trouvée près du théâtre d'Arles, l'antique Arelate, la "Vénus d'Arles", aujourd'hui au musée du Louvre à Paris.

Comme nous l'avons déjà mentionné, on peut reconnaître dans Aphrodite l'origine orientale plus clairement que dans toute autre divinité grecque. La déesse qui, dans les différentes religions orientales, était semblable par son essence et sa nature à l'Aphrodite grecque, portait différents noms dans les différentes régions, dont nous mentionnons ici Mylitta, Alilat et Astarte.

Chez les Romains, elle était identifiée à leur Vénus.

Trivia

Selon une seule tradition, Hélène, mère de Constantin le Grand, a trouvé la véritable croix du Christ cachée dans une crypte sous le temple d'Aphrodite à Jérusalem au IVe siècle.

Une statue en bronze d'Aphrodite a été découverte dans le temple de Tapsiris Magna en mai 2008, ainsi qu'une statue décapitée d'un roi de la dynastie ptolémaïque qui a régné sur l'Égypte de 323 à 30 avant J.-C. La découverte a été faite près d'Alexandrie par une équipe d'archéologues égyptiens et dominicains qui collaboraient à la recherche de la tombe de Cléopâtre.

Apollo

Le dieu de la lumière, de la jeunesse, de la beauté, de la poésie et de la musique.

L'empereur Auguste en a fait l'un des principaux dieux de Rome. Apollon était avant tout considéré comme un dieu de la guérison par les Romains, qui ont commencé à le vénérer lors d'une épidémie, vers 431 avant Jésus-Christ. Il a ensuite été fait l'un des principaux dieux de Rome par l'empereur Auguste. L'empereur le considérait comme sa divinité protectrice et fit construire un magnifique temple en son honneur.

Apollon (grec ancien : Ἀπόλλων, *Apóllōn*) était l'une des plus importantes divinités de la mythologie grecque. De tous les dieux, son culte était le plus répandu parmi le peuple grec et jouissait de la plus haute estime. Sous le nom latinisé d'Apollon, il se fait connaître à Rome.

Chez les poètes grecs, il est généralement appelé **Phoibos Apollo**.
Apollon est également considéré comme le représentant de la beauté
rationnelle et de l'ordre, par opposition à Dionysos, qui symbolise l'ivresse
émotionnelle.

Étymologie

L'étymologie du nom "Apollon" est incertaine. Parmi les auteurs anciens,
nous trouvons cependant plusieurs étymologies populaires. Ainsi, Platon
dans son *Cratyle* rapporte le nom à ἀπόλυσις / apólysis, " libération ", à
ἀπόλουσις / apólousis, " l'essuyage " ; purification ", avec ἁπλοῦν /
haploũn, " simple ", en référence notamment à la forme thessalienne de
son nom, Ἄπλουν / Áploun, et enfin avec Ἀει-βάλλων / Aei-bállôn, " le
toujours frappant ". Plutarque, dans ses Moralia (*Les E de Delphes* ; 354
f), mentionne également ἁπλοῦν / haploũn, au sens de " singulier ".

Origine

Alors qu'au XIXe siècle, on pensait encore qu'Apollon était le dieu de la
lumière, qui trouvait son plus haut épanouissement dans le soleil, les gens
pensent aujourd'hui différemment.

Bien qu'il soit devenu le plus grec des dieux, Apollon semble être arrivé
relativement tard en Grèce. Il a probablement été amené en Grèce à la fin
de la civilisation mycénienne (vers 1200-1100 av. J.-C.) par les
envahisseurs doriens, mais il est également possible qu'il soit venu d'Asie
mineure hittite. On pense aujourd'hui que ses origines se trouvent en
Anatolie centrale (voir Hyperborée). Un indice est que l'hymne homérique
à Apollon raconte comment le dieu est venu de Delos à Delphes. Son
épithète *Hekatos* (qui frappe loin) peut être rapprochée de l'Hekate
carienne. Sur les tablettes cunéiformes hittites (le traité dit d'Alaksandu
entre les Hittites et Wilusa, qui est parfois identifié à Troie) apparaît le nom
d'*Appaliunas* ou *Apalunas*, probablement étroitement lié à Apollon.

Il semble avoir été à l'origine un dieu des troupeaux (Apollo *Karneios* et
Smintheus), qui était le patron non seulement des bergers (*Apollo Agreus*
et *Nomios*), mais aussi de leur ennemi, le loup (*Apollo Lykeios*). Sa
protection du tir à l'arc (*Apollo Hekatos*), de la médecine (*Apollo Paian*) et
de la musique (*Apollo Musagetes*) était probablement liée à sa fonction de
dieu berger.

Naissance

Apollon est le fils de Zeus et de Léto et le frère jumeau d'Artémis. Lorsque Leto était enceinte, elle a été longtemps poursuivie par Héra, l'épouse jalouse de Zeus, le père d'Apollon. Elle ne trouve aucun refuge pour attendre tranquillement la naissance de ses enfants, sauf sur l'île de Délos où sont nés Apollon et Artémis.

Surnoms et fonctions

En raison de l'étendue et de la diversité de son travail, de nombreux noms et épikles ont été créés pour Apollon.

Apollo Karneios

Apollon *Karneios* (mot grec ancien signifiant *bélier*) est considéré comme le dieu des troupeaux de moutons parmi les tribus doriennes. Selon la légende, les Doriens étaient sur le point de passer dans le Péloponnèse, conduits par les Héraclides de Naupaktos, lorsque Hippotes, l'un des Héraclides, tua le devin Karnos, qui était un amant d'Apollon. Après cela, la peste s'est abattue sur l'armée. La maladie ne disparut qu'après qu'Hippotes fut chassé et que la colère d'Apollon fut expiée par l'institution d'un festin. Les Spartiates célébraient cette fête, appelée Karneia, en souvenir de l'aide que le dieu leur avait apportée en les conduisant dans le Péloponnèse.

Apollo Smintheus

Apollon avait son propre bétail, qui paissait à Pieria, au pied de l'Olympos. Les champs et les fruits des champs étaient également sous la protection d'Apollon.

Apollo Agreus

Apollon aimait aussi beaucoup la chasse, généralement en compagnie de sa sœur Artémis. Avec des cornes de chèvres sauvages, qu'Artémis avait tuées sur Kynthos, il a construit son premier autel. En tant que chasseur, Apollon était surnommé *Agreus*.

Apollo Nomios

En tant que berger, Apollon était surnommé *Nomios*. On dit qu'il a servi comme berger avec Laomedon et avec Admetos.

Apollo Lykios

Apollon, sous le surnom de *Lykios, était* également vénéré comme un dieu
de la lumière et du soleil, non seulement en Grèce mais surtout sur les
côtes d'Asie Mineure. Le paysage d'Asie mineure de la Lycie a
probablement été nommé d'après lui.

Apollo Hekatos

En tant qu'archer, il était généralement appelé *Hekatos*, *Hekatebolos* ou
Hekabolos (retrait) ou celui qui est célèbre par son arc, ou encore le dieu
à l'arc d'argent que lui avait donné Héphaistos. Les flèches d'Apollo n'ont
jamais manqué leur cible. Parmi les personnes trop sûres d'elles qui ont
été punies, on compte Niobé et ses enfants, l'armée des Grecs avant
Troie, les Cyclopes, Eurytos, Otus et Ephialtes et les Géants.

Apollo Pythios

Déjà peu de temps après sa naissance, Apollon tua de ses flèches le
méga-serpent Python, qui rendait dangereux le sanctuaire Pytho près du
mont Parnasse. En raison de cette victoire, Apollon fut surnommé *Pythios*,
"le Pythien". Il fera sien ce sanctuaire, qui sera connu sous le nom
d'Oracle de Delphes. C'est sous ce nom qu'il était vénéré aux Jeux
pythiques.

Dieu de la prophétie

L'attribut le plus important d'Apollon se révèle dans son don de prophétie.
A sa naissance, il avait prononcé les mots "Je proclamerai la volonté sans
faille de Zeus". Il a également fondé le célèbre temple de Delphes et y a
pris possession de l'ancien oracle de Gaia (la Terre).

Apollo Archigetes

Parce que, suite à ces décisions de l'oracle de Delphes, la fondation de
villes ou l'envoi de colonies étaient très souvent entrepris, il était
également vénéré comme Apollon *Archigète* (chef des colons).

Ainsi, Apollon aurait aidé des colons crétois ou arcadiens à fonder la ville
de Troie, ce qui explique sa position pro-troyenne dans l'*Iliade*. On dit
aussi que c'est Apollon lui-même qui a conduit les Doriens dans leur
voyage à travers la Grèce jusqu'à Kedaimon, Messène et d'autres villes

du Péloponnèse ; de nombreuses villes, dispersées dans le monde entier,
le considéraient comme son véritable fondateur et se nommaient après lui
Apollonia.

Dieu de la ville

Dans les villes elles-mêmes, il a pavé les routes et les rues. D'où son
surnom d'*Aguieus*. Devant chaque maison se trouvait un bloc de pierre
quadrangulaire qui lui était dédié, et lorsque l'étroite largeur de la rue ne
permettait pas un tel placement, ils le peignaient sur le mur. Protecteur
des marchés, il portait le surnom d'*Agoraios*. Avec Laomedon, il a
construit les murs de Troie, avec Alkathoös ceux de Mégare.

Apollo Amyklaios

Le culte d'Apollon *Amyklaios* avait son siège principalement dans la ville
laconique d'Amyklai. Elle était déjà en vogue chez les premiers habitants
de la Laconie, puis passa aux Achéens et ensuite aux Doriens.

Ce service était lié à la mort d'Hyakinthos, en l'honneur duquel les
Spartiates célébraient les Hyakinthiens à Amyklai au plus chaud de l'été, à
l'époque des chiens. Hyakinthos, fils d'Amyklas, était un amant d'Apollon,
mais il fut tué accidentellement par ce dernier en jouant avec le *disque*
(disque de lancer) (soit par le destin, soit par l'amant éconduit Zephyros).
Sa tombe se trouvait sous l'autel et la statue du dieu. Le premier jour des
Hyakinthiens était une fête de deuil en souvenir de la triste mort
d'Hyakinthos, mais le deuxième jour était une fête joyeuse commémorant
le fait qu'il avait été emmené au ciel par Apollon et était ainsi entré dans
une vie nouvelle, plus glorieuse, à travers la mort.

Apollo Delphinios

Apollon *Delphinios* est le guide de la mer. De même que lui, *Agyieus* (cf.
supra), sécurise les rues et les routes, lui, *Delphinios*, pave les chemins
de la mer au printemps, début de la saison de la lumière. Il brise les
nuages sombres par la puissance de sa lumière et il envoie des dauphins
comme compagnons amicaux aux mortels, qui naviguent sur la mer, pour
proclamer leur prospérité. Sur les côtes maritimes, il était très vénéré ; un
très grand nombre des plus beaux temples d'Apollon étaient situés près
de la mer.

Phoibos Apollo

C'est vers 410-400 av. J.-C. qu'émerge l'idée philosophique d'Apollon en tant que dieu du soleil, désigné sous le nom de *Phoibos*. Il aurait également tiré ce surnom de sa grand-mère Phoibe et aurait la signification de "prophète". À l'époque d'Homère, cependant, cette fonction était réservée à la divinité Hélios qui se fondra plus tard dans Apollon sous le nom d'Apollon *Hélios*. Néanmoins, Apollon et Hélios sont restés des divinités distinctes dans les textes mythologiques.

Relation avec les dieux et les humains

Selon certaines légendes, Apollon entretenait des liens étroits avec les Hyperboréens vivant dans le Grand Nord. Ces histoires peuvent provenir de voyageurs qui ont visité la région en question. Selon le mythe, Apollon partageait son temps entre les Hyperboréens, avec qui il séjournait en hiver, et les Grecs, avec qui il était en été.

Relations amoureuses et enfants

Apollon, en tant que jeune et beau dieu, a eu de nombreuses aventures amoureuses avec des nymphes et des femmes mortelles. Une fois, il avait conçu de l'amour pour Daphné, la fille du dieu du fleuve Pénée, qui, cependant, ne ressentait rien pour lui. Alors qu'elle fuyait pour échapper à ses avances, elle a demandé à son père de la faire changer de forme pour se débarrasser de lui. Et c'est ce qui s'est passé. La nymphe se changea en un laurier, qui fut désormais dédié à Apollon.

Il engendra le *héros* Ion, géniteur des Ioniens, avec Creüsa, fille du roi attique Erechtheus, qu'il avait séduite. L'*heros* Asklepios était son fils issu de sa relation avec la Thessalienne Koronis. Il a également fondé la ville de Cyrène après avoir enlevé la nymphe athlétique Cyrène, dont il était amoureux, à l'endroit en Libye où cette ville devait être fondée. Avec elle, il aura un fils nommé Aristaios.

Outre ses aventures avec les femmes, le dieu entretenait également des relations avec de beaux hommes, dont les plus célèbres sont celles avec Hyakinthos et Kyparissos. Lorsqu'ils moururent, à la grande douleur d'Apollon, il transforma le premier en une fleur (semblable à notre jacinthe), le second en un arbre, le cyprès.

Son aventure la moins réussie fut celle avec la princesse troyenne Cassandre, qui avait d'abord accepté de partager son lit avec lui en échange du don de prédire l'avenir, mais une fois qu'Apollon eut exaucé son souhait, elle refusa de tenir sa promesse. Comme Apollon ne pouvait pas défaire un cadeau accordé, il a ajouté à son cadeau, en guise de punition, la restriction que personne ne croirait ses prédictions.

Dans le domaine des arts visuels

Apollon est généralement représenté comme un dieu jeune, grand, fort et beau, au regard majestueux et soigné et à la tête couverte de cheveux blonds richement ondulés. L'art ancien lui a donné l'apparence d'un homme d'âge mûr, au physique puissant et aux traits sévères, mais imberbe ; l'art grec ultérieur le représente généralement comme un jeune homme.

La plus célèbre statue d'Apollon, conservée jusqu'à nos jours, est l'*Apollon du Belvédère*, excavé en 1503 près d'Antium sur la côte de l'Italie centrale, l'actuelle Nettuno. Il n'est pas certain que l'artiste ait voulu représenter le dieu avec un arc dans la main gauche, ou avec l'aiguille et en son centre la tête de Méduse.

Attributs

Parmi les arbres, comme nous l'avons vu, le laurier lui était sanctifié par-dessus tout ; parmi les animaux : le loup, la biche, le cygne, le dauphin, le corbeau, le corbeau et le serpent (médecine). Ses attributs ordinaires sont l'arc et les flèches, une couronne de laurier, la cithare et la lyre.

Ses principaux temples étaient ceux déjà mentionnés à Delphes, sur Délos, plus loin à Amyclae et à Clarus près de Colophon.

Ares

Ares était associé au dieu romain Mars.

Arès (grec ancien : Ἄρης, *Arês* ; genitivus Ἄρεως, *Areôs*) est un personnage de la mythologie grecque. Il est le dieu de la guerre et la personnification de l'esprit guerrier. Le nom romain d'Ares est Mars.

Origine

Le dieu Arès est le fils de Zeus et d'Héra (Homère, *Iliade* V 890 ; Hesiodos, *Theogonia* 921f.). Selon Homère, il est l'instigateur fatal des batailles sanglantes, un guerrier meurtrier, qui trouve le plus grand plaisir à faire sonner les armes et à faire un carnage, qui plonge avec joie dans les rangs ennemis et qui applaudit à la chute des vaincus, aux cris de mort des mourants et à la vue du champ de bataille couvert de cadavres.

Pourtant, Ares incarne aussi les vertus de la guerre. Homère décrit Meriones, par exemple, avec les mots " audacieux comme Arès ", " aussi courageux qu'Arès " (*Iliade* XIII 295-330, trad. M.A. Schwartz) et " comme

Arès si rapide " (*Iliade* XIII 529). Dans un discours, Nestor qualifie également les soldats grecs de "serviteurs d'Arès" *(Iliade* VI 50-85). Les épithètes qu'Homère utilise pour décrire Arès indiquent également ses capacités martiales. Le plus courant est "tueur d'hommes", mais on utilise aussi "tueur de sang" et "assaillant de murs" (*Iliade* V 450-460).

Il est également dit que les guerres ne sont pas déclenchées par Ares, mais qu'Ares intervient lorsqu'elles sont déjà en cours. Bien qu'il aime les massacres, il respecte les règles.

On pensait que son lieu de naissance et son véritable foyer se trouvaient aux confins du monde grec, parmi les barbares et guerriers Thraces (*Iliade* XIII 301 ; Ovide). Il s'est donc retiré en Thrace après avoir été surpris au lit avec Aphrodite. Les deux amants ont été pris dans le lit dans lequel ils faisaient l'amour par un piège rusé : le lit qu'Héphaistos et sa femme Aphrodite partageaient habituellement. Le lit était suspendu au plafond par un filet de chaînes de fer, fabriqué par Hephaistos, qui les emprisonnait entre eux. De cette façon, Héphaistos a réussi à faire connaître l'adultère (*Odyssée* VIII 303-304.). La disgrâce a fait fuir Aphrodite et Arès d'Olympos. Arès partit pour la Thrace, et Aphrodite pour Paphos (*Odyssée* VIII 348-355.).

Bien que la demi-sœur d'Arès, Athéna, soit également un dieu de la guerre, Athéna est la déesse de la guerre stratégique tandis qu'Arès est plutôt le dieu de la violence imprévisible de la guerre avec toutes ses issues possibles.

Le culte d'Arès et les épikles

A Tégée, Arès était vénéré sous le nom épique de "Gynaikothoinas", c'est-à-dire célébré par les femmes, et il devait ce nom au fait que Marpessa, lorsque sa ville était très acculée par les Lakedaimoniens, avait armé toutes les femmes et les jeunes filles capables de porter des armes pour venir en aide aux hommes, remporta une brillante victoire, pour laquelle les femmes instituèrent une fête en l'honneur d'Arès, qui ne devait être célébrée que par les femmes (Paus., VIII 48.4.).

En outre, il était également adoré sous le nom d'*Arès "Aphneios"*, c'est-à-dire l'abondant, sur le mont Kresios, près de Tégée, parce qu'il y permettait à son fils Aeropos dont la mère Aerope était morte à la naissance de boire encore du lait en abondance au sein de sa mère déjà décédée (Pope., VIII 44.7.). Il avait également un autre autel en Arcadie, à

Megalopolis (Pope., VIII 32.3.) et au sanctuaire de Despoine près
d'Akakesion (Pope., VIII 37.12.).

Sous le nom d'*Arès "Hippios"*, d. i. des chevaux, il était adoré avec *Athéna
Hippias* à Olympie, où les Elijans offraient des sacrifices une fois par mois
sur tous les autels présents (Pope., V 15.6.).

Le long de la route de Thérapne à Sparte, il avait un sanctuaire sous le
nom d'*Arès " Théritas "* (Θηρίτας), dont Pausanias (III 19.7.) dit qu'on
croyait que cette épithète était dérivée du nom de sa nourrice Théro - pour
lequel Pausanias voit une origine kolkidienne - mais lui-même croyait
plutôt qu'elle signifiait " brutal ". Sam Wide suggère la thèse selon laquelle
le nom pourrait bien être d'origine béotique. Cependant, il est également
possible qu'il s'agisse d'un culte pré-dorique puisque le plus ancien
sanctuaire pour Arès était situé en Laconie dans la plus ancienne cité du
continent grec, Thérapne.

À Athènes, la colline *Areios Pagos (Areopagus)* qui porte son nom et le
tribunal qui y est établi lui étaient sacrés. Pourtant, il avait lui-même été le
premier à être interpellé sur cette colline par les dieux immortels, puisqu'il
devait lui aussi se soumettre à l'ordre et à la loi établis. Halirrhothios, le fils
de Poséidon, déshonora Alkippe, la fille d'Arès, qui l'attaqua et le tua.
Lorsque Poséidon a amené le meurtrier devant le tribunal des dieux, ceux-
ci l'ont acquitté de toute culpabilité.

Dans l'ensemble, les Grecs rendaient moins hommage à Arès qu'aux
autres dieux, même s'il avait des temples, des autels et des statues ici et
là. Ce n'est qu'à Thèbes et en Thrace, peuplées de tribus féroces, qu'il n'a
pas été relégué au second plan. Ce dernier pays était son préféré, car les
dieux de ses fleuves, l'Hébros, le Tmolos et le Strimon, s'appliquaient à
ses fils, et les sacrifices humains sanglants, qui lui étaient offerts là-bas,
semblaient correspondre parfaitement au caractère sanguinaire du dieu
de la guerre, du moins dans les temps les plus rudes. En Scythie, où il
était adoré sous le symbole d'une épée, on lui sacrifiait des chevaux et
des hommes, chaque centième homme des prisonniers.

Ares par rapport aux autres dieux et aux mortels

Sa férocité le fait détester même par les dieux immortels, par son père
Zeus et surtout par Athéna. Cette dernière le blessa plus d'une fois lors de
la bataille devant Troie, où elle aida les Grecs, lui les Troyens. Elle a
également visé la lance de Diomède, qui a réussi à blesser le dieu avec.
Puis il a crié aussi fort que 9000 ou 10000 hommes réunis le feraient.

Il est vaincu par Athéna à chaque fois, parce qu'il se bat par soif sauvage de se battre, mais sans politique, ordre ou régularité, tandis qu'Athéna ne renie pas le grand talent de son esprit, même au combat. Il ne se soucie ni de ce qui est bien ou mal, ni du salut des vaincus, ni des désastres des vaincus.

Homère le dépeint à plusieurs reprises allant au combat de cette manière, tantôt abattant les armées devant lui, tantôt se conquérant lui-même, et, comme nous l'avons déjà vu, quittant la bataille blessé. Après que Diomède eut frappé le dieu, il se rendit à Olympos enveloppé d'une brume, se fit soigner par Paieon et se plaignit à Zeus d'Athéna, qui lui avait causé une telle diffamation, mais Zeus n'entendit pas sa plainte. Athéna elle-même le jeta une fois à terre avec une lourde pierre, de sorte qu'il tomba à terre sous le choc des armes et couvrit sept matinées de terre avec son grand corps, et quand Aphrodite voulut l'emporter loin de la bataille, Athéna la frappa sur la poitrine avec sa main puissante, de sorte qu'elle tomba aussi à terre. Avec Héraclès, il a été engagé deux fois dans un combat au corps à corps. La première fois, Ares a attaqué le héros après avoir tué son fils Kyknos. Il s'est précipité sur Héraclès avec sa lance, mais Athéna l'a détourné et le héros a alors pu atteindre le dieu avec son épée. La deuxième fois, Zeus a séparé ses deux fils en guerre avec sa foudre.

Les fils d'Aloé, les Aloïdes Othos et Ephialtès, maîtrisèrent le dieu féroce, le captivèrent et le gardèrent emprisonné dans un récipient de cuivre pendant treize mois, jusqu'à ce qu'Hermès parvienne à le libérer par la ruse.
 Bien qu'Arès soit le plus sauvage et le plus indomptable de tous les dieux de l'Olympe, et la cause de la mort, de la peste et de toutes sortes de malheurs, on disait aussi de lui qu'il jouissait de l'amour le plus tendre de la charmante Aphrodite.

Le mythe de l'Odyssée nous apprend que tous deux furent un jour pris en embuscade par l'infirme Héphaistos, l'époux légitime d'Aphrodite, habilement pris dans un filet astucieux et abandonné à la risée de tous les dieux.

Les enfants d'Ares

L'enfant le plus célèbre de cette union clandestine fut Harmonia, la divine Onction, mariée par la suite à Kadmos. De même que celle-ci possédait la beauté de la mère, de même les fils Deimos et Phobos, qui, dit-on, étaient nés de la même union, avaient les dispositions de leur père. On dit aussi qu'Eros et Anteros sont issus de ce couple parental. Arès ne possédait pas d'épouse légitime, mais il engendra une multitude d'enfants de femmes mortelles et de nymphes, parmi lesquels d'excellents héros. Le dragon tué par Kadmos est également né de l'union d'Arès avec la nymphe source béotienne Tilphossa. Il a engendré son fils Kyknos avec Pelopia ou Pyrene. Avec Enyo, il a engendré Enyalios. Les jumeaux Lykastos et Parrhasios, qu'il a eus avec Philonome, seront les premiers souverains d'Arkadia. Chryse lui a donné son fils Phlegyas. Avec Triteia, il eut un fils, Melanippos (Pope., VII 22.8.).

Les compagnons d'Ares

Lorsqu'il revêt sa magnifique armure, ses deux fils Deimos et Phobos (Peur et Terreur) lui apportent son char d'or. Ils accompagnent toujours leur père, tandis que la discordante Eris, qu'Homère appelle la sœur et l'amie d'Arès, le tueur d'hommes (βροτολοιγός / brotoloigós), précède le char du dieu meurtrier. Enyo, le destructeur de la ville, d'après lequel il est lui-même appelé " Enyalios " (Ἐνυάλιος), est également bestialement à ses côtés. Kydoimos aussi, personnification du brouhaha de la bataille, figurait toujours dans son entourage.

Les attributs d'Ares

Arès avait un *quadrige* tiré par quatre étalons immortels crachant du feu et surmontés de scalps d'or (*Iliade* V 352.). Parmi les dieux, Arès se distinguait par son armure audacieuse. Il a également balancé sa lance dans la bataille. Ses oiseaux sacrés étaient la chouette effraie, les pics et surtout le vautour. Le loup, le cheval, le sanglier et le coq étaient également dédiés à Arès (voir Alectryo).

Selon l'*Argonautica* (II 382 et suivants et 1031 et suivants ; Hyginus, *Fabulae* 30), les " oiseaux d'Arès " (*Ornithes Areioi*) étaient une volée d'oiseaux à plumes qui gardaient le sanctuaire du dieu avec les Amazones sur une île côtière de la mer Noire. À Sparte, le sacrifice nocturne chthonique d'un chiot à Enyalios a été adapté au culte d'Arès.

Dans l'art grec classique, ses attributs habituels étaient un casque avec bouclier et une lance.

Ares dans les arts

Que les artistes aient essayé de donner à ce dieu une belle forme et d'exprimer ainsi correctement les idées du peuple grec, on le voit déjà par
38

le fait qu'il était imaginé comme le dieu le plus aimé d'Aphrodite. La plupart des statues qui subsistent le montrent avec des traits plus doux que ceux que l'on pourrait attendre du dieu de la guerre, barbare et rude, car elles interprètent précisément ce trait le plus poétique du mythe d'Arès, à savoir que lui, le plus sauvage, le plus indomptable de tous les dieux, a dû s'incliner devant le pouvoir magique de la déesse de l'amour.

Ses cheveux sont généralement crépus et courts, ses yeux sont petits, ses narines sont grandes ouvertes - un signe de passion - et son cou et tout son corps sont musclés. Il est généralement représenté imberbe ; seuls les sculpteurs les plus anciens l'ont représenté avec une barbe. Tout son physique et sa posture indiquent la force.

Chez les poètes tragiques, Arès apparaît également comme le dieu de toutes les calamités, des maladies infectieuses et des mécréants. Les auteurs ultérieurs le font participer à la bataille des Géants. Après avoir d'abord tué certains d'entre eux, il a finalement dû prendre la forme d'un poisson pour rester caché du grand Typhoeus, qui le persécutait.

Certains traits de l'Arès grec se retrouvent dans l'essence du dieu de la guerre romain Mars.

Artémis

La déesse de la chasse, des animaux sauvages et de la végétation.

Les anciens Romains l'identifiaient à leur déesse Diane.

Artémis (grec ancien : Ἄρτεμις) est une déesse de la mythologie grecque. Elle fait alors partie des 12 dieux du Panthéon grec, où elle est fille du dieu principal Zeus et de Léto et sœur jumelle d'Apollon. Artémis était assimilée par les Romains à leur déesse Diane.

Naissance

Lorsque Héra, l'épouse de Zeus, a découvert que Léto était enceinte de son mari, elle l'a bannie sur l'île flottante de Délos. L'île était entourée de cygnes. Artémis est née la première et a ensuite aidé sa mère à donner naissance à Apollon.

La vengeance d'Héra était douce. Elle a fait souffrir Leto pendant neuf jours et neuf nuits à la naissance d'Apollon. Il existe plusieurs versions de cette histoire. Par exemple, selon l'*hymne homérique à Apollon* (3), Léto erra dans toutes sortes de régions et d'îles, qui n'osèrent cependant pas la recevoir. Enfin, elle arrive à Délos, où elle prophétise qu'un temple d'Apollon apportera la richesse à l'île. À cette occasion, Délos a permis à Léto d'y donner naissance à ses enfants.

Déesse de la chasse

Artémis est la déesse de la chasse, des femmes et aussi de la lune. Sa fonction la plus ancienne était celle de maître du gibier, un type de dieu particulièrement répandu dans les régions du Moyen-Orient, mais déjà Homère la décrit comme la déesse de la chasse. Elle est représentée avec un arc et des flèches en argent (fabriqués par Héphaistos), avec une biche à ses côtés, et aussi souvent avec la lune. Parfois, la lune est représentée sur son front avec deux petits points (les points de la lune à peine naissante, qui ressemble aussi à un arc). Accompagnée de ses nymphes, elle parcourait les montagnes et les forêts d'Arcadie et de Lacédémone ; parmi les animaux, la biche et l'ours lui étaient particulièrement chers. Les autres attributs associés à Artémis sont l'oie, les chiens sauvages et, surtout à Délos, l'olivier. Le surnom d'Artémis est Dhelia, du nom de l'île de Delos.

Artémis est également la déesse de la femme enceinte, bien qu'elle soit elle-même toujours restée vierge. Elle est restée vierge de son plein gré, ce que son père Zeus a d'ailleurs autorisé. Ses prêtresses sont donc des femmes non mariées. Artémis était particulièrement vénérée dans l'Arcadie forestière. En tant que vierge, elle était également la déesse protectrice de la chasteté.

La guerre de Troie

Artémis était au début de la guerre de Troie car elle s'est assurée qu'il n'y avait pas de vent lorsqu'Agamemnon a voulu prendre la mer pour aller à Troie. C'est parce que ses hommes avaient tué une biche dédiée à Artémis. Artémis a obligé Agamemnon à sacrifier sa fille Iphigénie pour obtenir un vent favorable. Ulysse a l'idée d'envoyer une lettre à Clytaimnestre et à ses enfants pour leur dire qu'Iphigénie serait autorisée à épouser Achille. La famille est venue immédiatement et a dû entendre la nouvelle que quelqu'un devait être sacrifié. Cela a naturellement suscité la colère de sa femme Klytaimnestra. Ce fait est à nouveau à l'origine des légendes qui entourent Oreste. Au dernier moment, cependant, Artémis a sauvé la jeune fille et un cerf a été sacrifié à sa place. Iphigénie fut emmenée par Artémis dans un lieu éloigné de sa famille (qui pensait aussi que leur fille était morte), elle devint prêtresse d'Artémis. Après la guerre de Troie, Clytaimnestre a tué Agamemnon dans son bain car elle ne lui avait jamais pardonné.

Attributs

Artémis ressemble à son jeune frère jumeau, Apollon, à bien des égards. Ils avaient tous deux un arc et des flèches qui ne manquaient jamais. Elle est également souvent représentée avec un cerf.

Niobe

En plus d'être une chasseresse, Artémis était à bien des égards le portrait craché de son frère Apollon : elle aussi agissait de manière punitive contre les contrevenants à la loi et les tuait de ses flèches. L'histoire célèbre est celle de la façon dont elle et son frère jumeau Apollon ont tué les enfants de Niobé, parce que cette dernière se vantait d'avoir plus d'enfants que Leto, la mère d'Artémis. Apollon a tué Niobé, ses sept fils, et Artémis, ses sept filles.

Aktaion

Le chasseur Aktaion avait cinquante chiens de chasse. Un jour, il est allé chasser avec ses chiens. Lorsqu'il eut soif, il alla boire à un ruisseau, mais ce faisant, il vit accidentellement Artémis qui s'y baignait nue, entourée de ses nymphes. Artémis a vu qu'Aktaion l'espionnait et l'a transformé en cerf. Le cerf Aktaion s'est enfui, mais il n'a pas réussi à échapper à ses propres chiens et il est mort d'une mort atroce.

Orion

Le chasseur Orion les a tués avec sa flèche. L'histoire la plus courante raconte qu'Artémis et Orion s'aimaient. Son frère jumeau Apollo, jaloux, ne supportait pas que sa sœur vierge ait un amant et l'a trompée. Elle a donc tué Orion en pensant qu'il était une sorte d'animal de chasse. Plus tard, elle a donné à Orion une place parmi les étoiles et lui a offert son chien de chasse préféré, Sirius.

Selon une autre histoire, Artemis a tué Orion quand il a essayé de la violer. Elle en a tué beaucoup d'autres qui ont essayé de la violer ou de violer d'autres femmes.

Selon une autre histoire encore, Artémis lui a envoyé un scorpion venimeux après qu'Orion se soit vanté de détruire tous les animaux de la terre.

La *Bibliotheca* du pseudo-Apollodorus d'Athènes dit de l'affaire avec Orion :

Artemis a tué Orion sur Delos. On dit qu'il est né de la terre et qu'il avait un corps énorme ; mais Phérécyde l'appelle un fils de Poséidon et d'Euryale. Poséidon lui a donné la capacité de marcher sur la mer. Il a d'abord épousé Side, qui a été rejetée dans le royaume d'Hadès par Héra après une dispute sur la beauté. Plus tard, quand il est venu à Chios, il a courtisé Mérope, la fille d'Oenopion. Mais Oenopion l'a fait boire et l'a rendu aveugle dans son sommeil, après quoi il l'a jeté sur la plage. Cependant, il se rendit à la forge d'Héphaïstos, y enleva un garçon, le mit sur ses épaules et lui ordonna de lui indiquer comment marcher jusqu'au lever du soleil. Lorsqu'il y arriva, l'effet curatif des rayons du soleil rendit la lumière à ses yeux et il fit demi-tour à la vitesse de l'éclair pour se venger d'Oenopion. Mais Poséidon s'était fait construire une maison sous la terre par Héphaïstos. Eos est tombé amoureux d'Orion et l'a enlevé à Délos ; en fait, Aphrodite s'est assurée qu'elle le convoitait constamment car Eos avait partagé son lit avec Arès. Orion, selon certains, a été tué lorsqu'il a défié Artémis dans un concours de lancer de disque, mais d'autres disent qu'il a été abattu de flèches par Artémis lorsqu'il a voulu violer Opis, une des filles du pays des Hyperboréens qui l'avait rejointe.

Athena

Les Romains identifiaient leur déesse Minerve à Athéna.

Pallas Athéna (également **Athéna** ou **Athéné**) (attique : Παλλὰς Ἀθηνᾶ, *Pallás Athêna*, Ἀθήνη, *Athénē*) est l'une des principales déesses du panthéon grec. Elle avait plusieurs fonctions : elle était déesse de la guerre contrôlée et de la paix. Elle était également déesse de la sagesse (philosophie), de la civilisation, de la communauté politique de la ville et protectrice de plusieurs cités grecques, notamment Athènes. Elle était également la déesse protectrice des artisans (métiers, comme le tissage) et des artistes.

Dans la mythologie, elle est connue sous le nom d'Athena *Parthenos* (la Vierge) et le Parthénon lui a été dédié.

Étymologie et origine

Le nom d'Athéna est peut-être d'origine lydienne. Il s'agit probablement d'un mot composé, dérivé en partie du tyrrhénien "ati", qui signifie "mère", et du nom de la déesse hurrienne "Hannahanna", qui était souvent raccourci en "Ana". En Mycénien, il apparaît peut-être dans une seule inscription sur des tablettes linéaires B : *A-ta-na-po-ti-nin-ja /Athana potniya/* apparaît dans un texte de la "Chambre des tablettes de chars" du Minoen II tardif de Knossos, qui est la toute première archive en linéaire B. Bien que ce terme soit souvent traduit par "Maîtresse Athéna", il signifie littéralement "*potnia* d'At(h)ana", ce qui pourrait signifier "dame d'At(h)ana" ; mais on ne sait pas s'il y a un lien avec la ville d'Athènes. Nous trouvons également *A-ta-no-dju-wa-ja /Athana diwya/*, dont la dernière partie est l'orthographe linéaire B de ce que nous connaissons du grec ancien comme *Diwia* (*di-u-ja* ou *di-wi-ja* en mycénien), la soi-disant "divine" Athéna, qui était également une tisserande et une déesse de l'artisanat (voir *dyeus*).

Dans son dialogue *Cratylus*, Platon donne l'étymologie du nom d'Athéna en se basant sur l'opinion des anciens Athéniens, de *A-théo-noa* (A-θεο-νόα) ou *E-théo-noa* (H-θεο-νόα) signifiant " l'esprit de Dieu " (*Cratylus* 407b). Platon, ainsi qu'Hérodote, ont noté que les habitants égyptiens de Saïs en Égypte vénéraient une déesse dont le nom égyptien était Neith ; ils l'identifiaient à Athéna (*Timée* 21), (*Histoires* II 170-175.)

Neith (littéralement "tisseuse", ce qui signifie "je suis venue de l'intérieur de moi-même") était une déesse de la guerre et de la protection et la mère du dieu crocodile Sobek. Neith était aussi appelée Anatha et Ath-enna. Neith était l'esprit derrière le voile, qu'aucun mortel ne pouvait voir directement.

La déesse était étroitement associée à l'Attique et à Athènes, où elle jouissait de la plus grande vénération, mais cela n'exclut pas que son culte se soit répandu dans toute la Grèce. Presque chaque paysage lui a donné un rôle important dans ses légendes, Argos dans celles de Persée et de Diomède, Corinthe dans celles de Bellérophon. C'est surtout le paysage béotien qui se distinguait par la grande vénération de la déesse (il y avait aussi une ville appelée Athènes). Sur le lac Kopaïs, notamment dans la ville d'Alalkomenai, son culte a été tenu en haute estime dès les temps les plus anciens. Plusieurs de ses temples les plus célèbres se trouvaient également sur les côtes de l'Asie mineure, dans le pays troyen et en Lydie. En bref, partout où les Grecs s'étaient installés, que ce soit en Asie ou en Libye, en Italie ou en Sicile, Athéna était vénérée comme une déesse digne, martiale et bienfaisante.

Pallas Athena

Quant à son nom, il semble qu'il faille distinguer entre Athéna et Pallas Athéna, car elle est très souvent appelée chez les poètes Hesiodos et Homeros.

Le nom de *Pallas* semble avoir été ajouté à l'origine comme adjectif praedicatif devant Athéna, la désignant comme la déesse maniant la lance, une représentation symbolique de son pouvoir sur la foudre. Son *épiklès* Pallas (Παλλάς / *Pallás*) vient probablement du verbe grec pallein (παλλειν / *Pallein* ; " balancer la lance ") et signifie donc quelque chose comme " celle qui balance la lance ".

Le nom peut également être lié à Pallas, une amie d'Athéna ou au géant Pallas, qui fut vaincu par Athéna lors de la Gigantomachie.

Mythes d'origine

Les mythes relatifs à l'origine d'Athéna, eux aussi, la décrivent comme une déesse, possédant un pouvoir énorme sur tous les phénomènes du ciel, mais aussi comme une déesse charmante, répandant partout des bénédictions en rendant les champs fertiles, en multipliant et en éduquant le sexe des hommes, et tout cela sans rien céder de sa pureté entièrement unique.

Athena Tritogeneia

Concernant les origines de la déesse, plusieurs mythes circulaient. Un ancien surnom d'Athéna était *Tritogeneia*. Ce nom la désigne comme une déesse née de l'eau, ce qui est tout à fait naturel, puisque, selon Homère, toutes les choses et tous les dieux doivent leur origine à l'eau. L'étendue d'eau, appelée Triton, et représentée dans un mythe comme un lac, et dans un autre comme une rivière. On imaginait parfois que le lieu se trouvait en Béotie, parfois en Thessalie, oui, la plupart des gens l'imaginaient même en Afrique, en Libye, où Athéna aurait surgi de la mer. Cette idée reposait sur le fait que c'est à partir et par l'eau qui remonte des profondeurs que l'air, le ciel et tous les phénomènes merveilleux qui se produisent dans le ciel ont été créés, et par conséquent, Athéna était le plus souvent ou du moins très souvent vénérée au bord des lacs ou des rivières. C'était surtout le cas en Béotie, par exemple dans la ville déjà mentionnée d'Alalkomenai. En Arcadie et en Lydie, complètement coupées du reste de la Grèce par des montagnes, cette Athena *Tritogeneia*, la déesse qui a jailli des eaux, était également tenue en très haute estime.

Athéna Obrimopatrê

Un tout autre mythe concernant sa naissance a relégué ce premier mythe au second plan. Déjà l'*Iliade* d'Homère connaît Athéna comme la fille la plus chère de Zeus. Elle est l'un de ses enfants qui jouit de sa plus grande confiance ; toutes les difficultés que Zeus doit surmonter sont surmontées par ses actions. Zeus lui parle comme à lui-même. Les deux ne font qu'un. Elle est donc appelée *Obrimopatrê*, "la fille d'un père fort". Cette relation intime entre Athéna et Zeus est symboliquement exprimée par l'histoire la plus célèbre circulant chez les Grecs concernant sa naissance, à savoir qu'elle serait née de son père.

Zeus, selon cette saga, avait dévoré sa première compagne, la déesse et Titan Métis (c'est "la sagace"), fille d'Okeanos et de Téthys, parce qu'il craignait qu'elle ne lui donne, après une fille, un fils qui lui arracherait à nouveau la domination du monde, qu'il avait acquise au prix de tant d'efforts. À la suite de cet acte, il donna naissance, après un certain temps, à Athéna ou Pallas Athéna, qui émergea de sa tête complètement développée et armée. Lorsque le moment est venu pour elle de voir la lumière du jour, Héphaistos a dû ouvrir la tête de Zeus pour le soulager d'un mal de tête insupportable, et voilà qu'elle en sort, lance levée, en chantant un chant de guerre. Un formidable bouleversement de la nature, un violent tremblement de terre et un grondement tout aussi violent de la mer ont accompagné la naissance de *Pallas* Athéna, qui devait aussi être la grande déesse de la guerre. Elle était vénérée comme une déesse de la guerre dès l'époque minoenne (3e millénaire avant J.-C. - 1200 avant J.-C.).

Athéna étant sortie en armure de la tête de Zeus, elle est donc naturellement destinée à être déesse de la guerre ; mais elle n'est pas à la hauteur du féroce Arès. Elle protège l'État, qui est engagé dans une guerre, lorsque cette guerre doit servir à repousser légitimement l'attaque d'étrangers, ou encore, lorsqu'elle est entreprise au nom d'intérêts supérieurs et qu'une conduite habile et judicieuse de la guerre peut apporter des bénéfices à l'État. Athéna, contrairement à Arès, " représente la bataille menée avec maîtrise, raison et perspicacité stratégique ".

Si elle dépose ses armes, alors il y a la paix sur terre. Le mythe l'indique en racontant que, dès qu'elle est sortie de la tête de son père et qu'elle a plié la lance levée vers la terre, le ciel s'est dégagé. Sur l'île de Rhodes, on savait parler d'une pluie d'or, que Zeus avait déversée sur l'île à sa naissance, ce qui est bien sûr une expression symbolique pour la descente de la pure lumière de l'*éther* sur la terre.

Athena glaukios

Athena *glaukios* est un surnom souvent donné à Athéna par les poètes.
Glaukopis, c'est-à-dire "la déesse aux yeux brillants" et la chouette, qui
partage avec elle cette caractéristique et qui est toujours représentée
comme son fidèle compagnon, font également référence à la déesse
lumineuse de l'*éther* pur et clair.

Athena Promachos

Si nous nous intéressons maintenant à la signification d'Athéna en tant
que déesse éthique, si nous examinons ses relations avec la vie et le
travail de l'humanité, nous devons d'abord la considérer comme une
déesse de la guerre. Ce sont principalement les hymnes et les sagas les
plus anciennes qui mettent en évidence ce trait de son être. Elle était
vénérée sur l'Acropole d'Athènes avec une immense statue en tant
qu'Athéna Promachos, c'est-à-dire comme la déesse qui protégerait et
défendrait la ville même en cas de bataille. En Béotie, en Macédoine, elle
était surtout la déesse de la guerre, à laquelle on rendait hommage. Elle
est donc souvent mentionnée aux côtés d'Arès. Les plus grands héros de
l'antiquité étaient sous sa protection constante. Persée et Bellérophon,
l'Aetolien Tydeus, Iason descendant de la tribu des Minyers et le *héros*
national de toute la Grèce, Héraclès, ont tous bénéficié de son soutien et
de sa protection. Pendant la guerre de Troie, elle a fidèlement soutenu
Achilleus, Diomède et Ulysse.

Parfois, elle monte sur le char avec les héros, abattant de sa lance tout ce
qui se trouve sur son chemin, faisant même céder les dieux qui lui sont
inférieurs en force. Son courage ne la quitte jamais, mais sa présence
d'esprit non plus ; même dans le danger le plus extrême, elle reste calme
et sans peur. Bien que la déesse participe aux combats avec autant de
fanatisme qu'Arès, Athéna se préoccupe davantage de stratégies que de
simples effusions de sang. Et lorsque la bataille est terminée et que le
danger est passé, elle rafraîchit, fortifie et récompense les héros, qu'elle
aime et qui se sont comportés dignement envers elle.

Déesse de l'art

Athéna jouissait également d'un grand honneur en tant que déesse des
œuvres et des arts de la paix, rendant heureux ceux qui l'honoraient et
surtout son pays préféré. Elle l'a fait tout d'abord en s'occupant du bien-
être physique des habitants. En particulier, dans la saga d'Erichthonios, il
est fait référence à la double bénédiction qu'elle a accordée à l'Attique par

la prospérité des fruits et la croissance glorieuse de l'éphébie. Elle est donc la protectrice de l'éphébie. Oui, plus que ça. Une visite de sa prêtresse était censée favoriser le mariage. Les jeunes enfants étaient suspendus à des serpents en or en souvenir de l'histoire miraculeuse d'Erichthonios. Elle les avait pris à Gaia (la Terre), sa mère, pour s'occuper de lui et le soigner. De la même manière, elle continue à s'occuper des enfants. À Délos, on savait comment elle avait assisté Léto lorsque celui-ci avait donné naissance à Apollon et Artémis.

Athéna était aussi la déesse de l'artisanat, comme le tissage. Le mythe d'Arachné y est lié.

Athena Hygieia

Mais en tant que déesse des cieux clairs et de l'air pur et sain, elle était également vénérée sous le nom d'Athena *Hygieia*, la déesse de la santé. Elle éloignait les maladies. Elle a assuré la préservation et la propagation de la race humaine. À l'époque de Perikles, une statue lui aurait été dédiée pour le rétablissement d'un sculpteur tombé d'un échafaudage alors qu'il travaillait sur le Parthénon.

Athena Polias

Et tandis que le foyer, la famille, était ainsi sous sa responsabilité, elle est naturellement devenue aussi la déesse qui protège et garde la plus grande union des hommes, l'État, sur lequel le foyer est fondé. C'est à ce titre qu'elle était appelée *Polias*, non seulement à Athènes, où l'ancien temple d'Athéna lui était dédié, mais aussi dans plusieurs autres lieux de Grèce. Avec elle, les membres de la *Boulè* d'Athènes prêtent serment sur l'autel qui lui est dédié, également appelé le grand autel d'Athéna.La plus ancienne référence à l'autel concerne l'année 632 avant Jésus-Christ.

Le Parthénon était son principal sanctuaire, de *parthenos* (vierge).

En tant que bon esprit, elle était présente dans l'*ekklèsia*. C'est elle qui avait fondé l'ancien tribunal de l'Aréopage et qui avait réussi à réconcilier les Erinyes, autrefois déesses de la vengeance, pour en faire des Euménides, divinités bienveillantes qui souhaitaient répandre la bénédiction et la prospérité sur la terre. L'*Aréiopage acquitte* Oreste du meurtre de sa mère Clytaimnestre.

49

Même lorsque les tribus grecques étaient plus étroitement unies par une alliance, c'est Athéna qui se tenait à la tête d'une telle alliance, la soutenant et la protégeant partout par ses conseils et ses actions.

En outre, les gens attribuaient à Athéna l'introduction de certaines branches de la culture et de certains arts. En premier lieu, il faut mentionner ici la culture de l'olivier. Sa culture est liée à la légende de la lutte d'Athéna avec Poséidon pour la possession de l'Attique. Lorsqu'ils se disputèrent cette possession, Zeus décida que le paysage serait donné à celui qui lui ferait le cadeau le plus utile. Poséidon a ensuite créé soit le cheval (sauvage), soit, en frappant la terre avec son trident, une source d'eau salée (ou saumâtre), Athéna l'olivier. Les dieux ont attribué le prix à Athéna et, depuis lors, l'olivier lui est sacré au-dessus de tous les autres arbres. L'arbre, qu'elle avait créé, se trouvait à proximité immédiate de l'Erechtheion et possédait une force vitale qui ne pouvait être détruite.

Lorsque les Perses ont brûlé le temple et l'arbre après la conquête de la ville sous Xerxès, de nouveaux arbres ont immédiatement poussé du sol. Certains oliviers dédiés à la déesse ont également été trouvés dans d'autres endroits de l'Attique, par exemple dans l'Akademeia, un jardin situé à proximité d'Athéna, il y avait douze oliviers, qui soit devaient leur existence directement à Athéna, soit étaient considérés comme des parties de l'olivier de l'Acropole. Partout, en dehors de l'Attique, cet arbre était également sanctifié par Athéna.

Athena Erganê

En raison des différents arts dont on lui attribue l'introduction, elle est surnommée *Erganê*, c'est-à-dire "expérimentée dans tous les arts" - principalement le tissage et le filage. Homère mentionne à plusieurs reprises les œuvres artistiques d'Athéna, des vêtements ornés, qu'elle avait confectionnés soit pour elle-même, soit pour les héros qu'elle protégeait. En Asie Mineure, cela a donné lieu à la saga de son combat avec Arachné, qui avait tenté d'égaler la déesse en matière d'art et avait été transformée en araignée en guise de punition.

D'ici aussi, que le plus beau cadeau, qui lui était apporté annuellement par les Athéniens, consistait en une robe (*peplos*) magnifiquement ouvragée. Les Troyennes aussi - le service de l'Athéna troyenne avait d'ailleurs beaucoup de points communs avec celui de la Grèce - pour se réconcilier avec la déesse lui offraient le plus propre de leurs vêtements.

Mais elle n'a pas seulement enseigné aux hommes à filer et à tisser, elle leur a aussi donné le râteau et la charrue et leur a appris à utiliser le taureau dans l'agriculture ; tout le travail artistique, en particulier celui consacré à la fabrication de bijoux féminins, a son origine chez Athéna ; oui, même le charpentier, l'orfèvre, le charron, le potier et le charpentier de navire ne pouvaient se passer de son aide. Le poète romain Ovide a ajouté le foulon, le peintre, le cordonnier, pour indiquer que tous les artistes et tous les artisans devaient recevoir son aide et son soutien.

En outre, on lui doit des inventions dans les domaines de la musique et de la danse. Elle avait été la première à jouer de la flûte, et Lydie et la Béotie se disputaient l'honneur d'avoir été les premières à en entendre les sons. Une légende, qui doit peut-être sa genèse à cette rivalité, raconte qu'Athéna avait renoncé à jouer de la flûte lorsqu'elle avait vu dans les eaux d'un ruisseau que le gonflement de ses joues défigurait son visage. La flûte qu'elle avait jetée a été retrouvée et prise par le Silencieux Marsyas. Mais quand il a commencé à se jouer d'elle, il a été puni par Athéna.

Elle a également inventé la trompette martiale. Il y avait aussi une danse martiale, la *pyrrhique*, qu'elle avait elle-même dansée pour la première fois pour célébrer la victoire sur les Géants et qui était donc rejouée chaque année en son honneur lors des Panathénées.

Déesse de la sagesse

Enfin, elle, la déesse de l'*éther* pur et clair, est aussi la déesse de la clarté d'esprit, de la délibération calme et posée. C'est précisément pour cela qu'elle est la déesse protectrice d'Ulysse, réfléchi et plein de ressources, qu'elle vient exhorter le premier au calme et à la sérénité lors du combat entre Achille et Agamemnon, qu'elle est devenue la déesse des sages et de tous les praticiens de la science. Ce trait de son être était particulièrement marqué à Athènes. Cela s'explique par la grande pureté et la clarté de l'air de l'Attique, qui avait également un effet favorable sur les facultés de l'esprit. C'est également cette qualité qui liait Athéna à son père Zeus par les liens les plus étroits. Elle est, en quelque sorte, la personnification de la sagacité de Zeus. Cela ne l'empêche pas de prendre part parfois à des stratagèmes astucieux imaginés contre son père.

Relations avec les autres dieux et les mortels

Hephaistos

L'une des plus anciennes légendes que les Athéniens savaient raconter sur leur déesse concernait l'amour d'Héphaistos pour elle. Bien que la déesse ait rejeté les propositions du dieu, l'ardent désir de ce dernier de la posséder donna naissance à un être, mi-serpent et mi-homme, appelé Erechtheus ou Erichthonios. Le germe, qui devait autrefois donner naissance à cet être, fut, selon l'histoire, enveloppé par Athéna dans une toison de laine et jeté sur terre. Il est clair que nous avons affaire ici à une représentation figurative d'un phénomène naturel très ordinaire. Du fond chaud de la terre, représenté ici symboliquement par Héphaistos, des vapeurs impures montent vers l'*éther* pur. Celle-ci n'est pas souillée par eux, mais ils restent enveloppés d'un nuage, suspendus en bas jusqu'à ce qu'ils redescendent sur terre sous forme de pluie fertilisante.

Ares

Il y a une grande différence entre elle et Ares, le dieu des batailles féroces. Athéna n'est pas intéressée par les combats : elle ne se précipite pas dans la mêlée la plus sauvage, mais le calme, la délibération, la détermination lui donnent la victoire lorsqu'elle part en guerre pour défendre des droits sacrés ou pour atteindre une noble cause. À cet égard, elle est l'opposé d'Aphrodite. Athéna est la déesse puissante et forte, tandis qu'Aphrodite est la déesse impuissante qui ne comprend pas l'art de la guerre. Cette Athéna apporte toujours la victoire. Elle est donc presque identique à Nike, la déesse de la victoire. Athéna a un jour gagné une guerre contre Ares, ce qui a réglé leur relation.

Poséidon

Elle est également vénérée aux côtés de Poséidon car, comme lui, c'est une divinité qui se réjouit de ceux qui se consacrent à la mer et de ceux qui savent dompter la puissance impétueuse du cheval et le rendre docile. Sous le nom d'*Hippia*, la déesse des chevaux et des cavaliers, elle était adorée sur une colline de Kolonos, un lieu situé dans les environs immédiats d'Athènes ; à l'extrémité sud de l'Attique, sur le promontoire du cap Soenion, elle était honorée comme la déesse protectrice de ceux qui naviguent sur la mer. À Athènes, elle avait appris à Erichthonios à harnacher les chevaux ; à Corinthe, on raconte qu'elle avait montré à Bellérophon comment dompter le cheval ailé Pégase. En divers endroits, les gens l'ont louée, ainsi que Poséidon, comme les divinités qui se sont chargées de l'élevage des chevaux et ont enseigné aux gens comment servir le cheval. Elle s'est fait connaître comme protectrice des marins lorsqu'elle a construit le navire à cinquante rames pour Danaos, avec lequel il a fui l'Égypte pour la Grèce. De même, lorsqu'elle a construit ou aidé à construire l'Argo, le navire avec lequel Jason et les siens sont partis chercher la Toison d'or en Colchide. Même le cheval de Troie, qui a été construit par ou sur les conseils d'Athéna et qui est devenu le moyen par lequel les Grecs ont finalement pénétré dans la ville, se rapporte à cette facette de l'être de la déesse. Bien entendu, toutes ces représentations étaient immédiatement liées aux nuages, qui se manifestent sur l'*éther* et sont si souvent comparés à des chevaux rapides ou à des navires rapides. Après qu'Athéna ait surpris Poséidon et Méduse dans son temple, elle aurait fait en sorte que ce dernier la transforme en gorgone, ce qui aurait contribué à régler ses relations avec Poséidon.

Aphrodite

Parce que, comme ci-dessous, Aphrodite a obtenu la pomme d'or et non Athéna, leur relation est mauvaise. De plus, Aphrodite n'aime pas le fait qu'Athéna soit vierge. Un jour, lorsqu'Athéna trouva Aphrodite derrière un métier à tisser, elle entra dans une colère noire car elle estimait que le tissage était un métier trop beau et qu'il était souillé lorsqu'Aphrodite le pratiquait. On dit qu'Aphrodite n'a plus jamais rien fait qui ressemble de près ou de loin à un travail après ça.

La guerre de Troie

Athéna a pris parti contre les Troyens lors de la guerre de Troie, car elle ne pouvait pas pardonner à Pâris de ne pas lui avoir remis la pomme d'or, qui était destinée à la plus belle des déesses. Par conséquent, non seulement Paris, mais aussi tous ses compatriotes, ont constamment souffert de sa haine et de sa persécution. Dans cette guerre, menée par des mortels mais provoquée par des querelles entre les dieux, Athéna s'est même retournée contre certains de ses semblables, qui se sont rangés du côté des Troyens dans la bataille.

Pourtant, Athéna était aussi vénérée à Troie. Les Troyens possédaient le *Palladion* en bois et tant qu'ils tenaient cette statue d'Athéna, Troie restait invincible. Cependant, Ulysse et Diomède ont réussi à capturer la statue. Kassandra, au lendemain de la guerre, s'est réfugiée auprès d'une autre statue d'Athéna, qui a été renversée par Ajax. Cet outrage a provoqué la retraite désastreuse d'une partie importante de l'armée expéditionnaire grecque. Poséidon entrave la retraite d'Ulysse, tandis que le héros "rusé" continue de bénéficier du soutien d'Athéna pendant son voyage de retour vers Ithaque.

Enfants d'Athéna

Athéna est vierge, mais peut aussi avoir des enfants avec des mortels (humains). Elle offrait souvent ces enfants en cadeau à son nouvel amour. Athéna pouvait faire naître ses enfants de sa tête, la gardant vierge. Tous les enfants d'Athéna sont détestés par les araignées parce qu'Athéna a transformé la tisseuse Arachné, alors mortelle, en araignée.

Lorsqu'Athéna fut assiégée par Héphaistos, elle réussit à le repousser, mais sa semence tomba sur sa cuisse. Elle a essuyé la graine et elle est tombée sur le sol. De la terre fécondée, Erichthonius est né. Athéna l'adopte comme un fils et le confie, dans un panier en osier attique, aux trois filles de Cecrops : Herse, Pandrosos et Aglauros. Ils n'avaient pas le droit de regarder à l'intérieur du panier, mais Aglauros a défait les nœuds et à l'intérieur du panier ils ont vu un bébé avec un monstre serpent à côté de lui. Aglauros fut ensuite poussé à la jalousie par Athéna et transformé en pierre par Hermès.

Influences non grecques sur la statue d'Athéna

Il est difficile de déterminer dans quelle mesure le service de la déesse égyptienne Neith ou la mythologie phénicienne ont influencé la formation initiale et le développement des représentations des Grecs sur *Pallas* Athéna. Ce qui est certain, c'est que la figure d'Athéna, telle qu'elle nous est dépeinte dans les poèmes d'Homère, a un caractère authentique, proprement grec, et qu'on ne peut lui reconnaître aucune trace d'influence étrangère.

Le culte d'Athéna remonte à l'Antiquité ; le nom n'est pas grec et ne peut être expliqué de manière satisfaisante, pas plus que certains des anciens titres honorifiques portés par la déesse dans les épopées d'Homère. Son caractère est ambivalent : elle était, d'une part, la demoiselle martiale, déesse de la guerre, qui soutenait la lutte vaillante et ordonnée pour la défense de la patrie et de la loi, ouvrant la voie au combat et accordant la victoire ; des héros légendaires tels qu'Achille, Diomède et Ulysse étaient sous sa garde.

D'autre part, Athéna était la déesse de la prospérité et de la paix, la donatrice de tout ce qui caractérise la société civilisée. Elle faisait respecter l'ordre public, était la protectrice de l'assemblée publique et enseignait aux hommes le maniement de la charrue, du feu et l'attelage des chevaux ; outre l'art et la science, elle appréciait particulièrement l'artisanat féminin.

Attributs et symboles

La même représentation métaphorique, qui sous-tend ces récits sur la naissance d'Athéna, se retrouve également dans ses principaux attributs et symboles, l'*égide* et le *gorgoneion* ; l'*égide*, le bouclier, ou l'armure, ou le manteau, que Zeus et Athéna possèdent ensemble, le gorgoneion, la tête de la gorgone Méduse placée en son centre, toutes deux représentations du nuage dense, qui contient le tonnerre et la foudre, et donc aussi des ténèbres, d'où naît la lumière. Bien que la tête de Gorgo ait obtenu sa place sur l'Aigis, qui appartenait à Zeus, elle fut néanmoins donnée à Athéna par Persée et constituait donc l'un des attributs sans lesquels la déesse n'était jamais imaginée ou représentée. C'est notamment le cas de la représentation de la déesse à Athènes, et en premier lieu sur l'Acropole d'Athènes, la forteresse de la ville, qui a longtemps été entièrement consacrée au service de cette déesse. Sur le mur sud de l'Acropole, on pouvait voir une grande tête de Méduse dorée sur un *Aigis*, qui servait à indiquer la terreur avec laquelle Athéna, en tant que *Promachos*, en tant que déesse protectrice de sa ville préférée, chassait les ennemis de ses murs.

La chouette, le serpent et le coq lui étaient également sanctifiés. L'olivier lui a été dédié.

Athéna est représentée en armure complète, avec une égide (peau de chèvre avec des serpents attachés), un casque, un bouclier, une épée et/ou une lance. La tête de Méduse est portée sur une égide, une cuirasse ou un bouclier.

Parties

Le lien étroit qu'elle entretient avec cet *éther* est également évident dans les cérémonies symboliques de plusieurs de ses festivals. Ces fêtes (*Panathenaia*) n'étaient nulle part célébrées en plus grand nombre et avec plus de faste qu'en Attique, notamment à Athènes. Sur l'Acropole, elle avait deux temples, appelés l'Erechtheion et le Parthénon. Des vestiges importants des deux ont survécu jusqu'à nos jours. Dans l'Érechthéion, ils ont conservé la plus ancienne statue en bois d'Athéna, que l'on dit être tombée du ciel, et les monuments commémoratifs de sa bataille avec Poséidon pour la possession du paysage de l'Attique. Le Parthénon était, comme son nom l'indique, le temple de la "déesse vierge". On y trouvait sa statue la plus célèbre, réalisée par Phidias (vers 431 avant J.-C.), parmi d'autres sculptures, les fonds de l'État et les archives de l'État.

Il va sans dire qu'Athéna, en tant que déesse de la nature, exerçait une grande influence sur l'agriculture, sur la prospérité de la semence, et était donc invoquée de diverses manières au cours de l'année et honorée par diverses fêtes. Pendant la saison des semailles, Déméter était principalement honorée, mais des trois charrues sacrées, avec lesquelles on donnait le signe que la saison des semailles était arrivée, deux étaient dédiées à Athéna (respectivement *Skiras* et *Polias)*. Même lorsque le fruit a germé, les gens se sont tournés vers Athéna pour obtenir d'autres bénédictions. En outre, toute une série de cérémonies et de coutumes, le plus souvent de nature sombre, par le biais de purifications et d'expiations, imploraient l'aide des divinités de l'*éther* contre la chaleur torride des rayons du soleil en été. Il s'agit notamment des Plynteries et des Kallynteries, célébrées au mois de *Thargelion* (mai). Ensuite, le *peplos*, la robe magnifiquement confectionnée, a été retiré de la vieille statue de la déesse et la statue elle-même a été lavée, une cérémonie qui faisait non seulement référence à la purification mais aussi à l'humidité si nécessaire aux champs de semences de l'époque. En juillet, les gens ont célébré le Skirophoria. Puis la statue d'Athéna a été recouverte de plâtre, d'argile à chaux. Ensuite, une grande procession était organisée, au cours de laquelle les prêtres et prêtresses portaient de grands parasols pour se protéger de la chaleur incandescente du soleil. À l'occasion de cette fête également, les gens demandaient à Athéna de les protéger contre les effets néfastes des rayons brûlants du soleil. De même, la fête de l'Ersephoria ou de l'Arrephoria (pour laquelle l'Arrephorion a été construit) était associée à Athéna en tant que déesse de la nature, et cela peut également être dit de la plus grande fête célébrée en l'honneur de la déesse à Athènes au moment de la récolte, celle des Panathénées. Au cours de cette fête, dont la splendeur n'était pas du tout égalée par les autres, la signification éthique d'Athéna s'est progressivement imposée. Néanmoins, les dons qu'elle avait accordés en tant que déesse de la nature sont restés dans les mémoires, notamment le don de l'olivier. Les vieillards et les femmes portaient des branches d'olivier à la main lors de la procession solennelle organisée à l'occasion des Panathénées, et ceux qui avaient triomphé dans le concours de cette fête étaient couronnés de branches d'olivier de l'arbre sacré et étaient récompensés par des amphores contenant de l'huile extraite de cet arbre. Enfin, au moment des vendanges chez les Oschophoriens, outre les divinités auxquelles la viticulture était plus particulièrement attachée, on se souvenait avec reconnaissance d'Athéna, la déesse qui accordait bénédiction et fertilité à l'ensemble du paysage.

Les arts visuels

Dans toutes les régions habitées par les Grecs, la déesse était fréquemment représentée. Parmi les statues plus anciennes, dont la pose ne possédait pas encore la souplesse et le naturel des œuvres d'art grecques antérieures, certaines représentaient la déesse assise, comme la déesse de la paix, généralement avec un rouet à ses côtés. D'autres statues la montrent, lance levée et bouclier tendu, comme la déesse de la guerre. Ces statues étaient communément appelées *Palladiens*. De leur possession constante dépendait le salut et la préservation de l'État. Un tel *Palladion* a été volé aux Troyens par Ulysse avec l'aide de Diomède.

Athènes, Argos, la plupart des villes de l'Italie inférieure, mais aussi Rome se vantaient de posséder un tel *Palladion*. Ces statues, disait-on, étaient tombées du ciel, et concernant leur découverte, les destins excentriques et les errances de certaines d'entre elles, un grand nombre de légendes circulaient.

Parmi ces statues plus anciennes, on peut également compter la statue d'Athéna, qui a été trouvée près du temple de la déesse sur l'île d'Egina en 1811 et qui est actuellement conservée à la glyptothèque de Munich.

Combien l'image d'Athéna était connue de tous les Grecs, du moins de tous les Athéniens, est démontré par l'histoire selon laquelle Peisistratos, expulsé d'Athènes, se fit ramener dans la ville sur un char, assis à côté d'une femme parée de tous les attributs de la déesse Athéna, et que les Athéniens l'accueillirent, pensant que leur déesse elle-même l'avait ramené.

Les statues d'Athéna plus tardives et plus belles étaient toutes du type conçu par le grand sculpteur Phidias. Trois statues d'Athéna réalisées par ce sculpteur ont particulièrement attiré l'attention dans l'Antiquité classique, tout d'abord la statue du Parthénon, faite d'or et d'ivoire, ensuite la gigantesque statue en bronze d'Athéna *Promachos* sur l'Acropole, qui a été réalisée avec le butin de Marathon, et enfin une statue en bronze érigée par les colons athéniens sur l'île de Lemnos et donc appelée l'Athéna lemnienne. La grâce de cette statue était si grande que les habitants de la région avaient l'habitude d'appeler la déesse "la belle". Il représentait Athéna comme la déesse de la paix.

Les bustes, statues et images de l'art grec postérieur peuvent eux aussi être divisés en deux groupes principaux, l'un représentant la déesse comme une déesse de la guerre, l'autre lui donnant les attributs qui conviennent à Athéna *Erganê*.

Demeter

Les Romains identifiaient leur déesse Cérès à Déméter.

Déméter (grec ancien : Δημήτηρ, *Dêmétêr*) est un personnage de la mythologie grecque. Elle était la fille de Kronos et de Rhéa et donc une sœur de Zeus, Poséidon, Hadès, Héra et Hestia. Déméter était la déesse de l'agriculture et des récoltes (principalement les céréales). Elle est souvent représentée tenant un épi de maïs. L'équivalent romain de Déméter est Cérès.

Origine

Après sa naissance, selon la mythologie grecque, elle partagea le sort de ses frères et sœurs : elle fut dévorée par son père Kronos mais, comme les autres, rappelée à la vie lorsque Zeus obligea son père à régurgiter les enfants qu'il dévorait.

La déesse Déméter, littéralement invoquée comme une *mère divine*, possède toutes les caractéristiques de l'ancienne Cybèle, une déesse phrygienne, qui était à son tour un reflet de la déesse Kubaba de la mythologie hattish.

Demeter Pelasgis

La conception de Déméter comme la terre-mère appartient à son être originel. Elle est étroitement liée à Gaia et à Rhéa Cybèle, bien qu'elle ait néanmoins une personnalité différente. On peut sans risque la tenir pour l'une des plus anciennes divinités pélasgiques (Grèce pré-hellénique) de la Grèce, d'où son surnom de *Pélasgis*. Les affirmations de certains auteurs sur ses origines égyptiennes et sur son identité avec la déesse égyptienne Isis semblent peu plausibles : Déméter était la sœur de Poséidon et la belle-sœur d'Héra. Mais Déméter avait secrètement le béguin pour Zeus. Héra le savait et a fait tout ce qui était en son pouvoir pour la détruire.

Le champ d'action de Déméter, les épiklès et le culte

En tant que déesse de la terre, elle est principalement associée à tout ce qui concerne la vie et la civilisation humaine. Elle est devenue la déesse de l'agriculture, et une fois qu'elle l'a été, bien sûr, également de toutes ces activités qui peuvent être plus largement considérées comme agricoles, l'arboriculture et l'élevage.

La déesse de l'agriculture est ensuite devenue la protectrice de tout ce qui touche à l'agriculture. Elle passait pour l'inventeur de tous les outils utilisés dans ce domaine. Elle a également enseigné aux gens à labourer, semer, faucher, lier les gerbes, battre, moudre et cuire le pain, selon le mythe de Triptolème (voir ci-dessous).

Déméter Thesmophoros

En tant que déesse de la civilisation, qui élève les hommes au-dessus du niveau des chasseurs et des bergers grâce à l'agriculture, Déméter a également une signification morale. De ce fait, elle est étroitement liée à Dionysos, le dieu qui a donné la civilisation à la race humaine.

Offres

Ils sacrifiaient à Déméter les porcs nuisibles au maïs, ainsi que le bétail, les fruits, le miel et les rayons de miel. En outre, tous les arbres fruitiers, le pin, l'orme et les fleurs jacinthe et coquelicot lui ont également été dédiés.

Parties

Outre les Eleusinias et les Thesmophorias, plusieurs autres grandes fêtes étaient célébrées en l'honneur de Déméter, la plupart liées aux récoltes. Outre Eleusis, les principaux lieux de son culte étaient la Crète, Délos, l'Arcadie, l'Attique, l'Anatolie et la Sicile.

Pour la plupart, les tribus doriennes se sont consacrées au service d'Apollon et d'Artémis, et donc celui de Déméter est passé au second plan parmi elles, bien qu'il semble aussi que cette déesse soit d'origine grecque ancienne et authentique.

Enfants

Déméter a bénéficié de l'amour du dieu suprême Zeus et a eu une fille, Perséphone, avec lui. En outre, elle a donné naissance à Despoina et le dieu de la mer Poséidon a engendré avec elle le cheval Areion. Elle a également porté les fils Ploutos et Philomèle de Iasion.

Dionysus

Dieu du vin, de la végétation, de l'humidité chaude, des plaisirs et de la civilisation.

Les Romains appelaient ce dieu Bacchus et célébraient les Bacchanales, ou fête de Bacchus, tous les trois ans. Il est devenu si immoral, cependant, qu'en 186 avant J.-C. le Sénat romain l'a interdit.

Dionysos (grec ancien : Διόνυσος, *Diónysos* ; Διώνυσος, *Diṓnysos* ; latin : Dionysos) ou **Bakchos** (grec : Βάκχος, *Bákchos* ; latin : Bacchus), parfois aussi **Iakchos** (grec : Ἴακχος ; latin : Iacchus), ou **Bromios**, est un personnage de la mythologie phrygienne, thrace et grecque. Il est le dieu du vin (construction) et de la culture des fruits, de la puissance de la terre, des lois, de la civilisation humaine, de l'esprit et de l'enthousiasme, de la poésie, du théâtre et de la musique. En tant que dieu de la paix, il rassemble les gens et en tant que vainqueur de la mort. Il a eu une influence importante sur la vie, la pensée et le travail des Grecs et des Romains, et ce à plusieurs égards.

Parents, naissance et enfance

Dionysos était le fils de Zeus et de Sémélé, la fille du roi thébain Kadmos. L'amour de Zeus pour Sémélé a suscité la jalousie d'Héra dans une large mesure. Elle se rendit chez Sémélé sous une fausse apparence (Béroë) et la persuada de demander à Zeus, pour prouver qu'il était bien le dieu du ciel, de se montrer à elle dans toute sa gloire. Lié par un serment, Zeus dut accéder à cette requête insensée, mais lorsqu'il arriva chez la malheureuse dans le plein feu de sa foudre, elle brûla avec sa maison.

Zeus, cependant, sauva l'enfant qu'elle portait dans son ventre, et aussitôt des lierres surgirent des piliers du palais, protégeant l'enfant de leurs feuilles fraîches. Zeus cacha son fils dans sa cuisse, jusqu'à ce que le moment de sa naissance soit venu, et lorsque Dionysos vint au monde pour la deuxième fois, il le remit aux nymphes de Nysa pour qu'elles en prennent soin et l'éduquent. À l'origine, il s'agissait d'un lieu mythique ; plus tard, plusieurs régions de Grèce ont porté ce nom. Là, l'enfant a été élevé sous les soins loyaux des nymphes.

Une autre lore mentionne Ino, la sœur de sa mère Semele, comme son éducatrice, et l'a laissé rejoindre les nymphes en premier, après qu'elle aussi ait dû céder aux persécutions d'Héra.

En Phrygie et en Lydie, il y avait aussi la saga, différente de l'histoire grecque originale, selon laquelle le dieu aurait été confié à Rheia-Kybele pour son éducation.

Lorsqu'il atteignit l'âge adulte, il planta une vigne et avec la boisson qui en était extraite, il s'enivra lui-même, ses éducateurs et les démons de la forêt. Tous ceux qui entraient en contact avec lui étaient séduits par le doux parfum de la nouvelle boisson et se joignaient à la procession, avec laquelle Dionysos parcourait le monde pour répandre le vin, nouveau cadeau qu'il voulait faire à l'humanité.

Caractéristiques

C'est un dieu dont l'influence s'étend sur une très large zone. Il était principalement vénéré comme le dieu du vin. Le vin était le plus beau de ses dons et c'est pourquoi il était aussi appelé Διόνυσου καρπός, Diónysou karpós, le fruit de Dionysos. Mais il y a plus. Pour les Grecs anciens, il signifiait également le pouvoir de croissance, que l'on peut observer dans la nature, par exemple dans les forêts, les champs et les arbres. Les montagnes et les sources qui s'y trouvent y sont également liées. Le raisin de cuve n'est donc que le fruit, qui lui est associé comme un dieu. Le raisin, bien que né de l'humidité, donne un éclat chaleureux à ses fruits. La faiblesse et le courage, la luxuriance et la force, dont le raisin est le symbole, sont le symbole de Dionysos.

Mais aussi tous les arbres et tous les fruits des arbres étaient sous sa responsabilité. Tous les lieux humides étaient donc sacrés pour lui, en particulier le sol qui était fertile. De nombreuses sources lui ont été dédiées. Il pouvait aussi faire jaillir des sources des rochers en les frappant avec son bâton de thyrsos, non seulement de l'eau, mais aussi du vin, du lait et du miel.

La viticulture et l'arboriculture fruitière ne se trouvent que chez les peuples qui ont atteint un certain niveau de développement. Ainsi, Dionysos est devenu un dieu de la civilisation humaine. Il était ainsi étroitement associé à Déméter. Il a donné aux gens leurs lois, a maintenu la paix et leur a montré sa faveur par ses bons cadeaux. La viticulture et l'agriculture étaient considérées comme des dons de Dionysos et de Déméter, surtout en Attique. C'est là qu'est née la saga d'Ikarios, à qui Dionysos a accordé son don, et de Triptolemos, qui a été choisi par Déméter pour être son envoyé.

Dionysos a également influencé l'esprit humain, en rapprochant les gens. Tout ce qui lui résistait devait s'incliner devant son pouvoir. Tout ce qui était sauvage et rude se soumettait à lui : panthères et lions tiraient son char et les divinités les plus féroces de la nature se joignaient volontiers à sa suite. Il était le dieu de l'élan et de l'enthousiasme. Cela s'est exprimé notamment dans les domaines de la poésie et de la musique. La poésie et la musique dédiées à Dionysos sont féroces, elles se caractérisent par des transitions soudaines de la joie la plus exubérante à la tristesse la plus profonde. Les fêtes dédiées à Dionysos étaient assez bruyantes en raison des chants, les dithyramben, en fait les chants qui célébraient la double naissance de Dionysos, et des instruments de musique utilisés, la flûte et le tambourin.

Dionysos, en outre, était un dieu de la prophétie et de la purification, et donc associé à Déméter et aux divinités adorées dans les mystères d'Éleusis. Dans ces derniers, il était appelé Iakchos, un nom pour son caractère bruyant. Le nom de Bacchus, Bakchos, adopté plus tard par les Romains, semble avoir la même signification, de même son surnom Bromios semble faire référence au bruit avec lequel ses fêtes étaient accompagnées.

Il était également associé au monde souterrain en tant que vainqueur de la mort et était assimilé à Hadès par Héraclite.

Les pérégrinations de Dionysos

Les légendes racontent qu'il fut particulièrement bien accueilli en Aetolie et en Attique. En Aetolie, Dionysos avait élu domicile chez Oineus (= "l'homme du vin") et entretenait une relation amoureuse avec sa femme Althaia. Selon certains, la belle Deianeira était la fille du dieu. L'histoire de l'arrivée de Dionysos en Attique est beaucoup plus détaillée et importante. Deux endroits ont affirmé avoir accueilli le dieu en premier : Eleutherai et Ikaria. Eleutherai, cependant, n'ayant été annexée au territoire de l'Attique que plus tard, le Dionysos d'Ikaria était et restait la véritable divinité nationale. Son arrivée sur place est relatée dans la légende suivante : Ikaros, le souverain d'Ikaria, lorsqu'il a demandé l'hospitalité, a gentiment accepté le dieu. En remerciement, Dionysos lui a donné la vigne et lui a enseigné la viticulture. Quand Ikaros a gagné le premier vin, il en a rempli des sacs de cuir et a parcouru le pays pour distribuer cette délicieuse boisson aux bergers. Mais ceux-ci se sont vite enivrés et, croyant avoir été empoisonnés, ils ont tué Ikaros et l'ont enterré sous un arbre. Sa fille Erigone partit à sa recherche et finit par trouver sa tombe avec l'aide de son fidèle chien Maira. Désespérée par le meurtre de son père, elle se pend à l'arbre sous lequel il est enterré. Dionysos était furieux du meurtre de son ami et a envoyé une épidémie à travers le pays. Il a fait en sorte que toutes les demoiselles attiques suivent l'exemple d'Erigone dans sa rage et a fait d'Ikaros la constellation de Boötes et d'Erigone la constellation de la Vierge. Il a placé le chien Maira dans le ciel comme l'étoile du chien.

La signification de ce mythe est claire : Ikaros est la personnification de la vigne, Erigone (= "celui qui est né tôt") désigne le raisin, et le chien représente la chaleur des jours de chien, qui amène le fruit à maturité.

Fêtes et culte

Les désastres qui se sont abattus sur l'Attique après la mort d'Ikaros ne pouvaient, selon un oracle, cesser tant que le cadavre de la personne assassinée n'était pas retrouvé et qu'une offrande de paix pour le crime n'était pas offerte. Le cadavre ne fut pas retrouvé, mais pour répondre aux exigences de l'oracle, une fête fut organisée, au cours de laquelle toutes sortes de petites statues furent accrochées aux arbres et balancées en chantant des chansons en l'honneur d'Ikaros et d'Erigone. Cette fête s'appelait Aiora, et nulle part ailleurs elle ne fut célébrée avec autant de faste et de splendeur qu'en Attique, et surtout à Athènes. Mais ces fêtes étaient célébrées chez tous les Ioniens, y compris ceux qui habitaient en grand nombre la côte de l'Asie Mineure.

Festivals d'hiver

Les fêtes attiques sont en partie des fêtes de récolte en hiver, en partie des célébrations de l'approche du printemps. La véritable fête de la vendange était célébrée lors des "petites Dionysies", que l'on fêtait au mois de *Poséidon* (décembre-janvier) sur la terre ferme, c'est-à-dire en dehors de la ville d'Athènes. Des chansons en l'honneur d'Ikaros et d'Erigone ont été chantées, des danses ont eu lieu, le symbole de la fertilité accordée par Dionysos a été porté avec une grande jubilation, et la joie était partout. C'est dans ces Dionysiens ruraux que se trouve la première origine du théâtre athénien. Les chars étaient conduits par des chanteurs qui racontaient le destin du dieu dans un dialogue, et même plus tard, lorsque le théâtre athénien avait déjà atteint son plus haut degré de développement, les acteurs de la ville se déplaçaient encore pour donner du lustre aux Dionysies rurales par leurs représentations. Un divertissement particulier, très populaire, était l'Askolia : les garçons se déplaçaient en boitant sur un sac en cuir huilé fait de la peau de la chèvre abattue en l'honneur de Dionysos.

Les Dionysiens ruraux étaient suivis par les Lénaïs au mois de *Gamelion* (janvier-février). Cette fête était célébrée dans la ville comme une conclusion à la précédente. Elle était principalement célébrée dans le *Lenaion*, le plus ancien temple que Dionysos possédait à Athènes. Les raisins étaient pressés de manière festive et le jeune moût sucré, appelé *ambroisie*, était dégusté et sacrifié. Les gens et les temples étaient entourés de lierre ; il y avait une grande procession, dans laquelle, surtout depuis les chars, toutes sortes de moqueries et de plaisanteries étaient présentées aux foules qui s'étaient rassemblées ; des représentations théâtrales concluaient la fête.

Festivals de printemps

Lorsque le printemps commençait, les gens célébraient l'*Anthesteria* au mois d'*Anthesterion* (février - mars). Chaque jour de ce festival avait sa propre signification. Le premier jour, la *Pithoigia*, était la fête de la rupture des tonneaux de vin nouveau. Ce jour-là, les esclaves étaient libres et égaux à leurs maîtres. Le deuxième jour, *Choën* était célébré par un repas, pour lequel l'État fournissait la viande et des prix étaient décernés à ceux qui pouvaient boire le plus de vin jeune. Les premières fleurs du printemps étaient utilisées pour confectionner des couronnes pour le peuple et pour le Lenaion. Les *Anthesteries* ont également été célébrées par les enfants. À partir de leur troisième année, les enfants étaient couronnés ce jour-là comme une personnification de la jeune année. Une

partie importante des *Anthesteries* était une offrande faite au dieu le jour
du *Choën* par les femmes les plus nobles de la ville au Lenaion. Au cours
de ce processus, l'épouse de l'*archonte basileus*, ou du fonctionnaire
chargé de gouverner la religion, était unie par les liens du mariage au
cours de cérémonies mystérieuses. Il s'agissait probablement d'une
répétition symbolique de l'union conclue à la même époque de l'année
entre Dionysos et Ariane.

Le troisième jour des *Anthesteries* portait le nom de *Chytren* (c'est-à-dire
"la fête des pots"). Ensuite, des sacrifices étaient offerts aux fantômes des
morts, qui, ce jour-là, retournaient dans le monde supérieur pour recevoir
les cadeaux qui leur étaient dus, et à l'Hermès chthonique, qui guide les
fantômes. L'explication de ce sacrifice réside dans le fait qu'au réveil de la
nature au printemps, outre le retour de Dionysos, c'est-à-dire de la force
de croissance de la nature, du royaume des morts à une nouvelle vie, on
célébrait également le réveil de tout ce qui avait vécu autrefois et semblait
être mort.

Dionysia

La quatrième fête, la véritable fête du printemps, célébrée par les
Athéniens était les *grandes Dionysies*, les *Dionysies de la ville*.
Elaphebolion (mars-avril) était le mois désigné pour ces fêtes. Il était
même permis aux prisonniers d'y participer, car lors de cette fête, on
célébrait le dieu avant tout comme le libérateur des soins et de la
souffrance. Le trait le plus distinctif des grands dionysiens était les
magnifiques représentations théâtrales données en l'honneur du dieu.
Une foule très nombreuse a afflué à Athènes de très loin. Puis une foule
joyeuse allait et venait dans les rues de la ville. La fête a commencé par
une magnifique procession, qui accompagnait la plus ancienne statue du
dieu trouvée à Athènes. De nombreux chœurs chantaient en l'honneur du
dieu, notamment le *dithyrambos*, c'est-à-dire le chant dans lequel sa
double naissance était chantée. Les gens se sont entourés de roses et de
violettes, les jeunes fleurs du printemps. Mais l'essence de tout le festival
était et reste la représentation de nouvelles tragédies et comédies, au
cours desquelles un concours était organisé entre les différents poètes.
Les personnes qui s'étaient inscrites ont été choisies au préalable parmi
celles qui seraient admises au concours. L'afflux d'étrangers était alors si
important et les festivités des citoyens si pleines d'humeurs, que ces jours
ont été choisis comme les plus appropriés pour décerner les honneurs
d'État aux citoyens méritants.

Oschophoria

Mais ce n'est pas seulement en Attique et à Athènes que le service de Dionysos était en si grand honneur. Sur l'île de Naxos aussi, les gens connaissaient bien le dieu. C'est là qu'il avait retrouvé Ariane, lorsque celle-ci avait été abandonnée sans foi ni loi par Thésée. C'est un sujet de prédilection des poètes que de chanter la douleur sans nom d'Ariane dans son état de désolation et la joie bienheureuse qui l'a remplie lorsqu'elle a été choisie par Dionysos pour être son épouse.

À Athènes, ils célébraient une fête en leur honneur, l'Oschophoria, qui était aussi une fête des moissons, au cours de laquelle les fils des citoyens athéniens, vêtus des anciens costumes ioniens, portaient en procession solennelle des ceps de vigne auxquels étaient suspendus des raisins. Le mariage de Dionysos et d'Ariane a donné naissance à trois fils, Oinopion (c'est-à-dire "le buveur de vin"), Staphylos (c'est-à-dire "la vigne") et Euanthes (c'est-à-dire "la belle fleur").

Opposants

Partout où Dionysos allait, il répandait des bénédictions. Seulement ceux qu'il a ruinés et qui ont essayé de lui résister. Tout d'abord les pirates tyrrhéniens, qui voulaient le faire prisonnier. En effet, alors qu'il était sur le point de naviguer d'Ikaria à Naxos et qu'il errait sur la plage, des pirates tyrrhéniens l'ont capturé, car il attirait l'attention en raison de son extraordinaire beauté. Mais à peine le navire était-il en mer que les chaînes qu'on lui avait mises tombèrent, que des lianes poussèrent autour des voiles, que du lierre s'agrippa au mât et que les brigands plongèrent dans la mer dans un accès de folie et furent transformés en dauphins.

Plus d'une fois, Dionysos a eu des ennemis à combattre, comme le prouvent les légendes de Lykurgos et Pentheus. Lykurgos, le fils de Dryas, était un roi des Edoniens de Thrace. Lorsque le dieu était entré dans son royaume avec toute sa multitude d'accompagnateurs, il les approchait avec hostilité afin de discipliner l'intrus et si possible de le tuer. Cependant, l'intrus s'est sauvé en sautant dans la mer, où la déesse Thétis s'est occupée de lui. Lykurgos, cependant, fut puni de cécité, et ayant encouru la haine des dieux, il dut bientôt mourir. D'autres légendes racontent que, devenu fou, il aurait pris son fils pour une vigne et l'aurait tué avec sa hache, ou bien, vaincu par un tel aveuglement, se serait coupé les jambes. Il semble que Lykurgos soit le symbole de l'hiver glacial, qui tente de troubler la joie du dieu de la vigueur, mais qui doit sans cesse succomber dans cette lutte inégale.

Dans la saga béotique, Penthée occupe la même place que Lykurgos dans celle de la Grèce du Nord. Appelé roi de Thèbes, il est décrit comme un homme de nature bourrue et féroce. Lorsque Dionysos visita également Thèbes lors de son voyage à travers le monde, toutes les femmes thébaines se rassemblèrent autour de lui et célébrèrent une bruyante fête en son honneur sur les montagnes de Kithairon. Furieux, Penthée voulut y mettre fin, mais lorsqu'il voulut assister sans se faire repérer à l'une des cérémonies secrètes qui se déroulaient sur les montagnes et qu'il avait grimpé à cet effet sur un pin, il fut déchiré par sa propre mère, qui le prit pour un animal sauvage, avec l'aide de ses compagnons.

Cette saga sur le Dionysos béotien montre déjà que son culte et ses fêtes dans certaines régions de la Grèce étaient d'un caractère entièrement différent de ceux célébrés à Athènes. Il s'agissait de fêtes féroces et bruyantes, auxquelles les femmes et les jeunes filles participaient en nombre écrasant, comme le montre la légende qui concerne les filles du roi Minyas à *Orchomenos*. Fières de toutes les exhortations et de tous les signes miraculeux, elles seules de toutes les femmes de cette ville refusèrent de prendre part à la fête en l'honneur de Dionysos, jusqu'à ce que finalement le dieu, suivi de la multitude féroce qui l'entourait, entre dans leur maison et lorsqu'il la trouva en train de travailler, il la fit envahir de vignes et de couronnes de lierre et les transforma elles-mêmes en chauves-souris.

La légende raconte de nombreuses batailles dans lesquelles Dionysos aurait été impliqué ; il aurait combattu avec les Amazones, il est fait mention d'une bataille qu'il aurait livrée contre Persée, mais le rôle qu'il aurait joué dans la victoire des dieux sur les Géants est particulièrement célèbre. La mère de ces grands êtres qui voulaient prendre d'assaut les cieux, Gaïa, les avait rendus invulnérables aux armes des dieux, afin qu'ils puissent poursuivre leur combat sans être blessés, jusqu'à ce que deux êtres, dans les veines desquels coulait aussi le sang des mortels, Dionysos et Héraclès, soient appelés à leur aide par les dieux et assurent leur victoire.

Festivals trieteric

Des fêtes bruyantes étaient célébrées notamment sur le Parnassos, près de la ville de Delphes. Même les femmes de l'Attique se sont déplacées pour y participer. Dans l'obscurité de la nuit, ils se promenaient sur les sommets enneigés des montagnes, parfois au péril de leur vie, et déchiraient tout ce qui leur tombait sous la main, cerfs et autres gibiers, pour en dévorer à vif la chair encore tremblante. Un bruit assourdissant provoqué par les cris des fêtards, accompagné par la musique des flûtes et des tambourins, était une caractéristique particulière de ces défilés dans les montagnes. Ces fêtes de Dionysos étaient célébrées tous les deux ans (les Grecs disaient tous les trois ans) et étaient donc appelées fêtes *trieteriques*. La cause de cette excitation peut être expliquée par la signification de Dionysos en tant que dieu de la nature. Au moment du solstice d'hiver, le raisin semble s'éteindre complètement, pour ainsi dire, et le dieu, pensait-on, mourait avec la plante qui lui était sanctifiée. De là une tristesse, que l'on retrouve dans toutes les religions de la nature, où l'homme voit dans le dépérissement de la nature l'image de sa propre mort, et qui s'est exprimée dans toutes sortes de coutumes sauvages et exaltées. D'autre part, il y avait les fêtes de joie, avec lesquelles on saluait le dieu lorsqu'il renaissait au printemps, et le rugissement avec lequel les femmes qui participaient à ces fêtes franchissaient les montagnes, qui servait à réveiller le dieu de son sommeil de mort. Les gens le cherchaient partout jusqu'à ce qu'ils le trouvent, c'est-à-dire son symbole, une plante qui venait de germer ; puis ils l'apportaient en procession solennelle à son temple pour conclure la fête par des sacrifices et des danses.

Mainaden

Lors de son voyage à travers les montagnes, les femmes étaient vêtues de peaux de bêtes et portaient à la main un bâton de thyrsos (c'est-à-dire un bâton enveloppé de lierre et de vignes). On les appelait Mainaden, Bakchanten, Thyiaden, Bassarides. (Voir Bassareus.) Ces fêtes sauvages sont nées principalement en Thrace et en Macédoine, d'où elles ont été transférées en Grèce proprement dite, en particulier en Béotie, parmi lesquelles les fêtes de Dionysos, les *Agrioniens*, c'est-à-dire "la fête sauvage" d'Orchomène, occupaient la première place.

Ces Mainads faisaient également partie, dans la représentation des Grecs, de la grande procession qui entourait le dieu lors du voyage qu'il avait entrepris pour répandre son don. Cette procession, appelée *thiasos* par les Grecs, et objet de nombreuses représentations des arts visuels, était composée d'éléments très différents. Si, au début, seules des Nymphes avaient été les compagnes du dieu, il fut bientôt entouré de toutes sortes de groupes de Silènes, de Satyres, de Pans, de Kentaures et d'autres êtres de cette nature. Il va sans dire que son vieux maître Silenos n'était pas absent de ces lieux. Avec toute cette multitude, il voyagea dans tous les pays, plantant partout la vigne et établissant son culte. Son voyage, au cours duquel il a, pour ainsi dire, subjugué le monde entier, a été décrit par les auteurs anciens comme s'étendant jusqu'à l'Inde. C'est surtout à la suite des campagnes entreprises par Alexandre le Grand que ce voyage a pris de l'importance chez les Grecs de l'époque postérieure, sous l'influence des légendes de Dionysos. Alexandre privilégie en quelque sorte l'idée qu'il veut poursuivre l'entreprise de Dionysos et pénétrer encore plus loin que là où les traces du dieu et de son culte sont arrivées. Il va sans dire que tous les pays dans lesquels le service de Dionysos s'était implanté à une époque ultérieure ont été inclus dans les descriptions de ce voyage, et de nombreuses sagas et récits d'aventures, originaires de différents pays, ont été progressivement réunis en un tout. Parmi ces régions, il faut compter en particulier les paysages d'Asie Mineure, la Phrygie et la Lydie, où Dionysos avait longtemps séjourné et établi un culte durable, qui, comme les autres cultes de ces régions, avait un caractère féroce, excité, comme disaient les Grecs, *orgiaque*. Là, le dieu était entouré des compagnons ordinaires de Rhéa Kybele, la *grande mère des dieux*, à savoir des Curettes, des Korybants, des Kabeirs et des Daktyls d'Idaïe.

En Lydie ou en Phrygie, la saga d'Ampelos a également vu le jour. C'était une belle jeune fille, qui avait rencontré et aimé Dionysos au cours de ses pérégrinations. Ampelos était toujours le fidèle compagnon du dieu, jusqu'à ce qu'un taureau le tue. Dionysos était accablé de chagrin, alors Zeus, pour soulager ce chagrin, fit pousser une vigne à partir du sang d'Ampélos.

Accès à l'Olympos

C'est précisément parce que Dionysos n'était que partiellement d'origine divine qu'il devait être purifié de toutes les choses terrestres qui lui collaient à la peau avant de pouvoir entrer dans le cercle des dieux de l'Olympe. Après le voyage qu'il avait entrepris sur toute la terre, par lequel il avait soumis toutes les nations, pour ainsi dire, à son territoire, il entra victorieusement dans les demeures de l'Olympos, où il avait désormais droit de cité. Et une fois sur place, il a réussi à faire en sorte que sa mère Sémélé, voire Ariane selon certaines légendes, se voie attribuer une place sur l'Olympe. Semele y a reçu le nom de Thyone. D'où le nom de *Thyoneus* donné à Dionysos, qui n'est pas rare.

Les mystères d'Orphici

Une conception très particulière de la nature du dieu se retrouve chez les Orphici, une secte religieuse et philosophique qui s'est donné pour nom le chanteur mythique Orphée de Thrace et s'est donné pour mission de diffuser des notions plus claires sur la vie après la mort et sur la responsabilité morale qui incombe à chaque être humain pour ses actes. Dans les mystères de ces Orphes, la divinité principale était Dionysos-

Zagreus. Cette divinité, soit appelée fils de Zeus et de Déméter, soit issue de l'union de Zeus avec sa propre fille Perséphone (une saga qui tentait de symboliser l'influence des forces célestes sur la croissance des plantes) était, selon les Orphici, la chérie de son père, désignée par celui-ci pour régir l'univers. C'est pourquoi Zeus le fit roi et, alors qu'il était encore jeune, lui rendit plus d'honneurs qu'aux autres dieux. Son éducation a été confiée aux Curettes dans son enfance. Mais Héra, qui persécutait d'une haine diabolique tous les fils de Zeus qui n'étaient pas les siens, envoya les Titans sur l'enfant, après leur avoir ordonné de rendre leur visage méconnaissable en le barbouillant de craie. Bien que l'enfant ait été transformé en diverses formes par son pouvoir divin, il a finalement été forcé de succomber dans cette bataille inégale. Les Titans ont déchiré son corps et l'ont dévoré. Seul son cœur a été sauvé par Athéna, qui l'a apporté à Zeus.

Deux sagas différentes racontent que Zeus lui-même a dévoré ce cœur, ou qu'il l'a donné à Sémélé, la mère de Dionysos. Soit de Zeus lui-même, soit par son fait, naît alors le cadet Dionysos, qui sera le roi, le libérateur, le salut du monde. Les Titans, cependant, qui avaient déchiré Zagreus, furent frappés par la foudre de Zeus au point d'être réduits en cendres. De ces cendres, qui ont été mélangées au sang de Zagreus, sont nés les humains. Et c'est précisément à partir de là que le caractère humain peut être expliqué. Le désir du mal que tout homme porte en lui a son origine dans les cendres des Titans ; l'inclination à faire le bien jaillit du sang de Zagreus mélangé à ces cendres. En bref, la lutte entre le bien et le mal, qui règne dans tout esprit humain, est symboliquement représentée par le mélange de ce qui est Titanique, c'est-à-dire féroce et grossier, et de ce qui est Dionysiaque, c'est-à-dire bon, pur et pur.

Les enseignements des Orphici étaient proclamés dans un service de culte secret, dans ce qu'on appelle les mystères.

Un culte secret, que l'on peut appeler les Mystères dionysiaques, semble également avoir été en vogue lors des fêtes trières de Dionysos.

Distribution

Le culte du Dionysos grec s'est également répandu au-delà des frontières de la Grèce. C'est surtout dans ces colonies grecques, qui couvraient la Sicile et les côtes de l'Italie du Sud, qu'il eut une grande expansion. À Rome, bien que sous des noms différents, de nombreux temples ont été fondés en l'honneur du dieu. Mais ce culte des Romains s'est rapidement éloigné du culte grec originel à bien des égards. Tout d'abord, le fait que la nouvelle divinité introduite en Italie était liée de manière très compréhensible aux divinités anciennes et indigènes. Deuxièmement, les cérémonies associées à son service devinrent bientôt le couvert d'une immoralité si grossière dans les Bacchanales, qui est restée proverbialement infâme jusqu'à aujourd'hui, que les autorités de la ville durent agir de la manière la plus forte possible pour empêcher une décadence générale.Sur le culte de Dionysos à Rome, voir Liber Pater et *Senatusconsultum de Bacchanalibus*.

Relations avec les autres divinités

Avec certaines autres divinités, Dionysos entretenait une relation plus ou moins étroite. Sa relation avec Déméter a déjà été abordée. Avec Apollo, il avait plusieurs points de contact. Il semble que ces deux divinités aient été hostiles l'une à l'autre au début et qu'il ait fallu beaucoup de temps avant que le service de Dionysos puisse s'établir à côté de celui d'Apollon. Les fêtes bruyantes de Dionysos contrastaient trop avec le service du dieu pur de la lumière, qui était digne et mesuré en tout. Pourtant, même cette lutte a pris fin un jour. Des similitudes ont été trouvées qui ont permis à ces deux dieux d'être étroitement liés dans l'imaginaire grec. Comme Apollon, Dionysos sait susciter dans l'esprit des gens l'enthousiasme pour ce qui est beau ; tous deux sont également amis avec les Muses. Comme Apollon, Dionysos est aussi un dieu prophétique et, comme nous le verrons, il a également accordé aux gens la purification du péché et de la culpabilité.

Dans le domaine des arts visuels

Une grande influence a été exercée par ce culte d'Asie Mineure sur la représentation du dieu par les arts visuels. Les nombreuses statues le représentant sous les traits d'un jeune homme à la stature frêle, presque efféminée, dont les cheveux richement ondulés sont attachés par le bandeau lydien (*mitra*), sont également originaires d'Asie Mineure. Le dieu est souvent vêtu d'un large vêtement de couleur fourrure, tandis qu'il est parfois représenté comme un jeune, parfois comme un homme mûr avec une barbe fournie.

Aucun des dieux grecs n'a été aussi souvent l'objet de représentations artistiques que Dionysos, et chez aucun autre dieu la variété de ces représentations n'est aussi grande. Il est représenté tantôt comme un enfant, tantôt comme un jeune homme, tantôt comme un homme mûr et puissant ; tantôt avec une apparence langoureuse, presque féminine, tantôt amené à un état de ravissement par le mouvement le plus violent de l'esprit ; tantôt buvant, tantôt chevauchant des animaux sauvages, généralement entouré d'Ariane, de Silenos et de tout son thiasos.

Les plus anciennes images du dieu étaient très simples ; un morceau de bois le représentant, une image de son visage suffisaient souvent à enflammer ses adorateurs dans l'enthousiasme.

Des hermès ont même survécu, représentant soit la tête de Dionysos seul, soit, à côté de la sienne, celle des divinités qui lui sont le plus étroitement associées, dont l'image semble alors jaillir avec lui d'un seul tronc d'arbre. L'art ultérieur a trouvé dans les légendes concernant Dionysos et son environnement un matériau très riche pour ses œuvres. Les sculpteurs Skopas et Praxitèle (qui ont tous deux vécu à Athènes entre 392 et 350 avant J.-C.) et leurs élèves ont tenté de glorifier le dieu dans les états et les environnements les plus divers à travers leurs sculptures.

Dionysos comme sacrifice

Selon la légende, Dionysos, en tant qu'offrande de paix, a été engendré par Zeus avec Déméter. Tout jeune, Zeus le plaçait déjà sur son trône où il jouait avec le rocher du tonnerre. Les Titans (qui avaient été vaincus par Zeus) observèrent cela avec mécontentement et, en l'absence de l'Alfather, ils tendirent une embuscade à Dionysos. Ce dernier a tenté de s'échapper en se métamorphosant, mais il a finalement été saisi, mis en pièces et mangé sous la forme d'un taureau.

Cependant, la déesse Athéna l'a vu et s'est assurée que le cœur soit préservé. Elle l'a apporté à Zeus, qui l'a utilisé pour ressusciter son fils. Dans le culte du dieu Dionysos, un taureau était abattu chaque année, dont le sang était bu et la viande consommée. Dionysos était également le dieu du théâtre ; la tragédie est née de son dithyrambe.

Hadès

Le dieu des enfers, la demeure souterraine des morts.

L'homologue d'Hadès dans la mythologie romaine était connu sous le nom de Dis ou Pluton.

Hadès (grec ancien : Ἅδης), également **Haides** (Ἅιδης), **Ploutoon** (Πλούτων), **Plouteus** (Πλουτεύς) ou **Pluton**, **Orcus**, **Dis Pater** (latin) est un personnage de la mythologie grecque. C'est le dieu du monde souterrain ou du royaume des fantômes et le maître des morts. Il est également le dieu de la richesse et des métaux précieux. Hadès est le fils de Kronos et de Rhéa et l'époux de Perséphone.

Figure (dieu)

Hadès est le frère de Zeus, Poséidon, Héra, Hestia et Déméter. Dans le partage du pouvoir et du monde entre Zeus, Poséidon et lui-même, le royaume souterrain des morts lui revient, faisant de lui le troisième dirigeant du monde. Hadès a subi le même sort que ses frères et sœurs (à l'exception de Zeus) : il a été mangé par son père Kronos et recraché par la suite. Il a également pris part à la bataille des Titans aux côtés de Zeus. Il ne permet à personne de retourner dans le royaume des vivants. Plusieurs démons et esprits sont à son service, comme Charon le passeur qui utilise son bateau pour faire traverser le Styx aux âmes des défunts, moyennant le paiement d'un obool (une pièce de monnaie placée dans la bouche du défunt à cet effet).

Les attributs d'Hadès sont les deux dents et Kerberos, le monstrueux chien à trois têtes qui garde l'entrée des Enfers. En outre, Hadès porte parfois un sac d'argent, car il était aussi parfois honoré comme un dieu de la richesse. Ceci est également dérivé de son nom : Ploutoon/Pluto (πλουτος = richesse). Hadès a également obtenu un casque qui pouvait le rendre invisible des cyclopes. Hadès aimait Perséphone, fille de la déesse Déméter, et l'a enlevée. Parmi les héros, Héraclès, Orphée, Ulysse, Peirithoös et Thésée sont descendus aux enfers de leur vivant. Homère décrit le royaume des ténèbres et sa déprime. Hadès était également surnommé "Nil miserans" (impitoyable, sans pitié) par Horace, alors que le dieu des enfers avait eu pitié d'Orphée et de sa femme Eurydice.

Underworld

Hadès désigne également les enfers, tant dans la mythologie romaine que dans la mythologie grecque.

Le monde souterrain avait comme partie la plus horrible *Tartaros*, où les fantômes ou les esprits des morts étaient envoyés s'ils avaient mal vécu. C'est le cas de Sisyphe et de Tantalos qui, à leur mort, devaient endurer des tourments éternels.

Une partie plus belle du monde souterrain était l'*Elysion*. C'était le lieu où toute personne ayant mené une bonne vie pouvait jouir de la liberté et de la paix. Selon les récits, Énée rencontre ici son père Anchise.

La troisième et dernière partie du monde souterrain était un endroit sans espoir ni crainte. Ici ont été envoyés tous ceux qui avaient mené une vie moyenne normale, ni bonne ni mauvaise. Cet endroit était appelé l'Asphodèle ou les champs d'Asphodèle, du nom d'une plante comestible au goût très neutre. Celui qui a atterri ici a été autorisé à voler et à errer comme une chauve-souris pour le reste de l'éternité.

Héphaïstos

Dieu du feu et du travail des métaux

Les Romains identifiaient leur dieu Vulcain à Héphaïstos.

Hephaistos (grec ancien : Ἥφαιστος) ou **Vulcanus** (latin) est un personnage de la mythologie grecque. Il est le dieu de la forge, du feu et des artisans et est le forgeron des dieux. Selon certaines sources (Homère, etc.), il était le fils de Zeus et d'Héra ; selon d'autres (Hésiode), il n'était que le fils d'Héra.

Les Romains l'assimilaient à leur dieu Vulcanus (alias Mulciber). Il était marié à Aphrodite, mais celle-ci l'a trompé avec son amant Arès, le dieu de la guerre. D'Ares, elle a eu un enfant nommé Harmonia.

Mythologie

Il avait des bras forts, comme tout forgeron, et des jambes peu développées. Cependant, Héphaistos était également mou. Dans l'*Iliade* d'Homère, son apparition devant les dieux suscite le "rire homérique". Il y a deux explications pour son boitement. Selon l'un d'eux, Héphaistos assistait à une dispute conjugale entre ses parents et lorsqu'il est intervenu pour défendre sa mère, son père l'a attrapé par une jambe et l'a jeté en bas de l'Olympe. Un peuple de Thrace, les Sintiens, qui avait débarqué sur Lemnos avec une migration de personnes (c'est là qu'Héphaistos était descendu dans sa chute), le soigna mais il continua à boiter.

L'autre version dit qu'Héphaistos était boiteux de naissance, et que Héra l'a jeté de l'Olympe par honte, le laissant boiteux pour le reste de sa vie. Il a fini dans l'océan, où il a été repêché par Téthys et Eurynome qui l'ont élevé dans une grande et profonde grotte au bord de la mer. Quand il a grandi, il a décidé de se venger en offrant à sa mère un trône en or qu'il avait forgé. Cependant, lorsqu'elle y prend place, elle y est soudainement enchaînée et personne d'autre qu'Héphaistos ne peut la libérer. Les deux histoires ci-dessus se trouvent dans l'Iliade.

On raconte également que Zeus, pour être en bons termes avec Héphaistos après son retour à l'Olympe, décida de lui donner Aphrodite comme épouse. Bien qu'il soit lui-même laid, Héphaïstos a toujours eu de belles épouses : outre Aphrodite, Charis, décrite comme "gracieuse", et Aglaé, la plus jeune des trois Grâces, sont mentionnées. Parmi les fils d'Héphaistos, l'argonaute Palaemon, le sculpteur Ardalus, le brigand Periphetes, qui fut tué par Thésée, et Erichthonios sont particulièrement connus.

Les relations

Aphrodite n'était pas heureuse en mariage avec Héphaistos. Elle aimait Ares et Ares l'aimait. Pendant qu'Héphaistos va travailler dans son atelier sur l'Olympe, Aphrodite permet secrètement à Arès d'entrer dans son lit. Dès qu'il a épousé Aphrodite, Héphaïstos savait que cela allait arriver. Rusé comme il l'était, il a conçu un plan pour montrer au monde qu'Aphrodite le trompait. Il a créé un filet invisible qui tomberait sur Aphrodite et Arès quand il le voudrait. Il a également invité tous les dieux à venir. Le plan a fonctionné et Aphrodite et Ares, alors qu'ils étaient nus, se sont pris dans le filet. Tous les dieux ont commencé à rire quand ils les ont vus. Hephaistos a fini par les libérer.

Une autre histoire raconte qu'Héphaistos était tombé amoureux de Pallas Athéna. Héphaistos aurait couru nu vers Athéna et sa semence se serait retrouvée sur les vêtements d'Athéna. Athéna l'aurait essuyé avec un tissu et aurait jeté le tissu dans une vallée. Cela a fertilisé la terre mère, Gaia. L'enfant qui en est issu s'appelle Erechtheus. Il sera plus tard le premier roi de la ville d'Athènes.

Attique, fille de Zeus et d'Eurynome, aurait épousé Héphaistos. Ensemble, ils ont eu quatre belles filles, également appelées les Charites. Héphaistos aurait également eu une autre brève relation avec une nymphe. De là, un certain nombre de filles divines seraient également nées.

Cult

À l'origine, Hephaistos était vénéré en Asie mineure (Lycie) comme un démon de toutes sortes de phénomènes naturels de feu. De là, son culte s'est rendu sur l'île de Lemnos. De l'île de Lemnos, le culte d'Héphaistos est arrivé à Athènes, où le dieu est devenu le protecteur des potiers. Le temple d'Hephaistos a été construit à côté du quartier de ces artisans.

D'ailleurs, tous les travaux du feu étaient associés à Héphaistos. Sous les volcans, il avait son atelier, comme sous le Mosychlos de Lemnos, où les Cabeirs étaient ses aides, et à l'ouest sous le Stromboli, mais surtout sous l'Etna, où les cyclopes le servaient. Dans l'Iliade d'Homère, son nom est directement lié au feu, le feu sur lequel la viande est préparée étant parfois appelé la "flamme d'Héphaistos".

Il a forgé des armes et des équipements pour les dieux et les héros, par exemple le trident de Poséidon, le bouclier d'Héraclès et la cuirasse d'Achille. Il a forgé Prométhée et a créé la belle Pandore. Artiste en forge, il était en relation étroite avec Athéna, la déesse des arts. A Athènes, la fête de la Chaldeia était célébrée pour les deux dieux ensemble.

Iconographie

La plus ancienne représentation connue d'Héphaistos date du sixième siècle avant Jésus-Christ et montre la naissance d'Athéna, ainsi qu'une scène avec Pélée et le retour à Olympos. Il était généralement représenté avec des outils de forgeron typiques tels que le marteau, les pinces et le soufflet. De nombreuses statues de l'équivalent romain de cette divinité grecque ont été découvertes, ainsi que des sarcophages et des mosaïques, entre autres.

Hera

Reine des cieux et protectrice du mariage et des femmes | Déité du ciel

Les Romains identifiaient leur déesse Juno à Hera.

Héra (grec ancien : Ἥρα, *Hêra* ; Ἥρη, *Hêrê* ; mycénien : *e-ra*) est une déesse de la mythologie grecque. Elle est la fille des titans Kronos et Rhéa, et donc la sœur de Zeus, le roi du ciel et de la terre, dont elle est aussi l'épouse. Hera était la déesse du mariage et de la fertilité. Elle est également appelée "l'œil de vache" et le paon est son symbole.

Origine

A l'origine, Héra n'était que la déesse protectrice du mariage. Très vite, cependant, elle a symbolisé le ciel et l'atmosphère qui apporte la fertilité. Elle était considérée comme la maîtresse du ciel et de la terre. Son nom signifie "maîtresse de tout ce qui existe". Comme son consort, elle est capable de faire tomber sur la terre toutes sortes de phénomènes météorologiques tels que le tonnerre et la foudre.

Étant l'épouse du dieu principal, elle est traitée avec une grande révérence et un grand respect par les autres dieux. Tout le monde se lève pour elle quand elle entre dans la salle.

Il y a plusieurs histoires sur l'enfance de Hera. Une version est qu'elle a été élevée par Okeanos et Tethys. Selon une autre version, elle a été élevée par les Horns. À l'insu de ses parents, elle a contracté un mariage sacré ("hieros gamos" ou "hierogameia") avec Zeus, qui est resté secret pendant 300 ans, jusqu'à ce que Zeus puisse lui accorder sa digne place de reine du ciel.

Outre l'amour évident que Zeus et Héra se portent l'un à l'autre selon les poètes grecs, il y a aussi beaucoup de conflits conjugaux entre eux. Les Grecs voyaient cette lutte d'Héra se refléter dans les phénomènes naturels de leur terre, fortement influencés par la mer. La saga dans laquelle Zeus, pour punir Héra de la persécution de son fils Héraclès, la pend du ciel avec deux enclumes à ses pieds (représentant la terre et la mer) et des chaînes d'or à ses bras (les nuages colorés par le soleil) peut également être expliquée de ce point de vue.

Champ d'action

Le champ d'action d'Héra s'exprimait à la fois en sa qualité de déesse de la *polis* primitive (et peut-être même avant à l'époque mycénienne) et en sa qualité de déesse du mariage en tant que consort du dieu suprême.

Déesse de la première polis

La fougue d'Héra se reflète également dans la guerre de Troie, où elle soutient les Grecs. Après tout, le Troyen Paris avait désigné Aphrodite et non Héra ou Athéna comme la plus belle femme lors du Jugement de Paris. Même le Troyen Énée, qui se rend en Italie en tant que survivant après la chute de Troie, éprouve encore le ressentiment d'Héra.

Déesse du mariage

Héra a également une grande importance en tant que déesse du mariage dans la Grèce antique et est considérée comme l'idéal de la femme mariée. Son royaume est considéré comme le modèle de tout mariage célébré sur terre, et la fidélité conjugale est sous sa protection.

Enfants

Les enfants qui résultèrent du mariage d'Héra avec Zeus furent Héphaistos, Arès, Hébé et Eileithyia. On dit qu'Héphaistos est né alors que le mariage de Zeus et d'Héra était également un secret pour leurs

parents. Hebe et Eileithyia symbolisent, respectivement,
l'épanouissement, la vitalité de la jeunesse et l'aide aux femmes stériles.

Sites de culte

Héra était particulièrement honorée dans la ville d'Argos et les fêtes qui y
étaient célébrées, Héraa, s'accompagnaient de jeux publics. De là, le
service de la déesse s'est répandu dans tout le Péloponnèse, avec des
temples à Olympie, Corinthe, Tiryns et Perachora, entre autres. Argos et
les villes voisines de Mykénaï et de Sparte sont déjà mentionnées par
Homère comme les villes préférées d'Héra. En outre, le culte d'Héra était
central sur les îles de Délos et de Samos, où Zeus et Héra se seraient
secrètement mariés. Sur Lacinium, dans le sud de l'Italie actuelle, près de
Kroton, un temple lui était également dédié.

Attributs

La vache et le paon étaient dédiés à Héra, et surtout la grenade comme
symbole de vie. Elle était souvent représentée avec un paon, un enfant ou
un bâton. Le paon avait dans sa queue les yeux d'Argos, que Héra avait
nommé berger de la vache Io, en laquelle une des maîtresses de Zeus
s'était transformée. Argos a été tué par Hermès et privé de ses yeux. Héra
est la protectrice des troupeaux et Homère l'appelle "yeux de vache".

Héra dans les arts visuels

Héra est souvent représentée assise sur un trône, ou vêtue d'une robe
avec une couronne sur la tête. Dans sa main, elle tient très souvent une
grenade, symbole de fertilité. Une célèbre statue de Polykletos la
représente assise sur un trône et portant une couronne décorée des
images des Charites et des Cornes. Elle tient dans une main une grenade
et dans l'autre son sceptre sur lequel est assis un coucou, autre symbole
de fertilité.

Hermès

Dieu aux multiples rôles et le messager des dieux

Son homologue dans la mythologie romaine était Mercure.

Hermès (grec ancien : Ἑρμῆς, également *Herméias* Ἑρμείας, dorien : Ἑρμᾶς) est un personnage de la mythologie grecque. Il est le fils du dieu principal Zeus et de la nymphe des montagnes Maia et est particulièrement connu comme le dieu du commerce, des voyageurs, des routes et des voleurs. Il est aussi le messager des dieux.

À l'origine, il s'agissait d'une divinité phallique et, originaire des terres pastorales d'Arcadie, Hermès était également le *nomios*, le dieu des pâturages, protégeant les bergers et les troupeaux. Plus tard, cependant, de nombreuses autres qualités et attributs ont été attribués à Hermès. Par exemple, il a repris le rôle de messager des dieux d'Iris, ce qui a également fait de lui Hermès Psychopompos : le guide des âmes qui les emmenait aux enfers.

Ses voyages constants en ont fait le patron des voyageurs, son apparence athlétique et juvénile le rend patron des athlètes et des sports, et ses escapades juvéniles (voir : Mythes autour d'Hermès) en ont fait le patron des voleurs. Parce qu'il flottait constamment dans les airs à l'aide de ses attributs ailés, Hermès est devenu le dieu du trafic et du commerce, et son éloquence lui a également valu la vénération : il est devenu le dieu de l'éloquence. Enfin, Hermès était également considéré comme le dieu du sommeil et des rêves : en touchant son caducée, il pouvait faire s'endormir et se réveiller les gens.

Cependant, Hermès n'était pas seulement une divinité très sportive : plus tard, les gens ont même vu en lui l'inventeur de l'écriture, des mathématiques et de l'astronomie. Et toutes sortes d'autres choses utiles et agréables étaient également attribuées à Hermès, comme la lyre, la flûte et les poids et mesures. Il était également le mécène des peintres.

Mercure est souvent identifié comme l'équivalent d'Hermès dans la mythologie romaine. Toutefois, ce n'est pas tout à fait exact. Il est vrai que Mercure a été inspiré par Hermès ; après tout, il est le dieu du commerce et porte également les attributs d'Hermès. Mais les Grecs ne vénéraient guère Hermès comme un dieu du commerce ; chez eux, il était surtout le dieu des voyageurs et le messager des dieux. Il n'est donc pas correct d'assimiler Hermès et Mercure : l'importance des deux dieux est très différente.

Hermès et Apollon

Hermès est né dans une grotte en Arcadie. Peu après sa naissance, il invente la lyre en enfilant la carapace d'une tortue avec des cordes. Quelques instants plus tard, il s'est échappé de son berceau et s'est faufilé hors de la grotte. Peu de temps après, il est tombé sur un grand groupe de bétail qui appartenait à Apollo. Hermès a trouvé que c'étaient de belles bêtes et a décidé de les emmener avec lui.

Un berger qui observait tout cela a été forcé de jurer qu'il ne le dirait jamais. Le berger, nommé Battus, le jura au jeune dieu et Hermès poursuivit son chemin jusqu'à sa grotte natale. Quand Apollon a découvert que son bétail avait été volé, il a forcé Battus à lui dire qui l'avait volé.

Apollon se rendit dans la grotte où Hermès était désormais couché dans son berceau et lui ordonna de rendre ses vaches. Alors qu'Hermès et Apollon marchent vers l'endroit où Hermès a caché le bétail, Hermès joue un air sur sa lyre. Apollon fut si impressionné par l'instrument de musique qu'il demanda à Hermès de lui en faire cadeau. En échange de la lyre, Hermès demanda un troupeau de bovins, et c'est ainsi que naquit l'échange.Les choses ne se terminèrent pas aussi bien pour le berger Battus, qui fut transformé en un bloc de pierre par Hermès à cause de son infidélité.

Plus tard, les relations entre les frères Hermès et Apollon se sont considérablement améliorées. Apollon a même donné à Hermès son caducée, le bâton enveloppé de serpent, qui est depuis lors un attribut permanent d'Hermès.

Hermès et Argos

Il était une fois une belle nymphe appelée Io, qui entra au service d'Héra comme servante. Elle était vraiment belle et Zeus s'est rapidement pris d'affection pour elle. Héra, qui s'est rendu compte que Io était une belle femme, est lentement devenue jalouse. Pour protéger Io de la jalousie d'Héra, Zeus l'a transformée en vache. Cependant, Héra s'en rendit compte et ordonna à Zeus de lui donner la vache en cadeau, après quoi elle la donna au berger Argos. Argos était un géant aux cent yeux et même quand il dormait, il lui restait encore deux yeux pour surveiller son troupeau.

Malgré ce revers, Zeus ne reste pas inactif et ordonne à l'astucieux Hermès de libérer Io. Hermès, ne pouvant ignorer la demande du dieu principal, se rendit à Némée, la ville où Argos retenait Io captive. Après une brève conversation avec Argos, Hermès a joué un air sur sa flûte, si soporifique que même les deux derniers yeux d'Argos se sont fermés. Hermès a alors coupé la tête d'Argos et libéré Io. Lorsque Héra s'en est aperçue, elle a envoyé un frelon qui a fait fuir la pauvre vache ; Io a couru dans tout le pays jusqu'à ce qu'elle se jette finalement dans la mer en Épire ; cette mer a aussi été appelée plus tard la mer Ionienne. En Égypte, Zeus a rendu à Io sa forme normale. Le cadavre d'Argos n'a pas non plus été épargné : Héra a pris les cent yeux et les a saupoudrés sur la queue de son paon préféré.

Hestia

Déesse du foyer, de la maison et de la famille.

Hestia est associée à la déesse romaine Vesta.

Hestia (grec ancien : Ἑστία, *Hestía* ; ionien : Ἱστίη, *Istíē* ; également connu sous les noms de Ἑξία, **Hexía** et Ἑστρία, **Hestría**) est un personnage de la mythologie grecque. Elle était la fille aînée de Kronos et de Rhéa et donc aussi la sœur aînée de Zeus. Pourtant, dans la croyance populaire des Grecs, elle était la plus jeune des divinités qui vivaient sur l'Olympe, car son nom n'est mentionné dans aucun des poèmes d'Homère. En tant qu'aînée, elle devait être avalée en premier par son père (Kronos) et recrachée en dernier, de sorte qu'à sa "seconde naissance", elle était la plus jeune.

Etymologie et pouvoirs

Hestia est avant tout la déesse du feu et, plus particulièrement, du foyer domestique. Là où il n'y a pas de foyer, aucune société confortable et ordonnée n'est possible. Celle-ci est donc fondée et promue par elle, et ce tant parmi les dieux que parmi les humains. Ainsi, lorsqu'on apporte également la signification de son nom à la rescousse, on arrive à l'explication de ce qu'était Hestia en tant que déesse de la nature. Son nom la désigne comme la déesse "qui donne de la fermeté". Elle est donc probablement à l'origine une personnification de la terre, en tant que trône solide, sur lequel les dieux de l'Olympe ont construit leurs demeures éternelles et qui est, pour ainsi dire, le foyer de l'univers, au-dessus duquel brûle le feu de l'éther.

Pourtant, son importance en tant que déesse de la nature dans la mythologie grecque est passée complètement au second plan. Le feu, dont Hestia était soit la personnification, soit la protectrice, a rapidement signifié un feu sacrificiel, car on le trouvait sur le foyer domestique de chaque maison grecque. Sur le foyer domestique, selon une coutume ancienne et ancestrale, chaque maître de maison faisait des offrandes pour le bien de sa famille comme un prêtre des dieux. Chaque événement particulier de la vie de la famille donnait lieu à une offrande, faite à son intention. Ainsi, on sacrifiait à Hestia lors du départ en voyage, du retour à la maison, de l'arrivée de nouveaux membres dans le foyer, même des esclaves, et surtout lors de la naissance des enfants, de l'attribution de leur nom, du mariage et de la mort. Une particularité du foyer domestique, qui est une forte preuve de la grande vénération que l'on portait à Hestia, réside dans le fait que, en tant qu'autel, il était un asile où l'étranger, voire l'ennemi, trouvait un refuge sûr. Tous ceux qui séjournaient dans la maison et sacrifiaient à son autel avaient un droit égal à sa protection. Zeus avait également un faible pour sa sœur aînée et punissait tous ceux qui ne tenaient pas compte des plaidoyers des nécessiteux. Ainsi, elle est également devenue la déesse de l'hospitalité. On dit aussi qu'Hestia a enseigné l'architecture aux humains lorsqu'elle a vu que ceux-ci devaient s'abriter dans des grottes pour se protéger de la pluie, que son frère provoquait.

Le ménage est le fondement de l'État. Il va donc de soi que la déesse, qui se laissait vénérer au centre du cercle domestique, devint aussi la protectrice de l'État, que chaque État avait aussi un foyer commun, sur lequel on faisait des sacrifices à Hestia pour la prospérité commune.

Les diverses sociétés et confréries, qui émanaient de l'État, avaient chacune leur propre autel, sur lequel on faisait des offrandes à la déesse, mais chaque État avait aussi son propre autel, qui était dédié à Hestia. Cet autel se trouvait dans le Prytaneion, à l'origine la maison où vivait le roi, puis le bâtiment où se trouvait le gouvernement. Sur cet autel, un feu éternel était entretenu en l'honneur d'Hestia, et de la combustion de ce feu dépendait le salut de l'État. Les colons qui quittaient la Grèce pour l'étranger avaient pour habitude d'emporter une partie du feu de l'autel d'Hestia pour allumer le feu de l'autel érigé en son honneur dans le Prytaneion de la *polis qu'*ils allaient fonder, afin de maintenir le lien étroit entre la *métropole* et la colonie à travers ce culte.

Et autant chaque État grec avait son propre autel et son propre culte d'Hestia, autant toute la Grèce réunie avait un sanctuaire distinct qui lui était dédié. Dans le temple d'Apollon à Delphes se trouvait son plus célèbre autel. C'était le centre de son culte. Un feu éternel y était également entretenu. On croyait qu'à l'endroit où se dressait l'autel d'Hestia à Delphes, on pouvait voir non seulement le centre, ou comme le disaient les Grecs, "le nombril" de toute la Grèce, mais même de la terre entière. Celui qui venait à Delphes pour demander conseil à l'oracle commençait par offrir ses sacrifices sur cet autel. C'est à cet autel qu'Oreste a été purifié de son crime par Apollon. Sur cet autel étaient également sacrifiés les chanteurs, qui espéraient recevoir d'Apollon le don de la poésie. Le feu qui y brûlait en l'honneur de la déesse était, selon les Grecs, en quelque sorte le reflet du feu qui brûlait dans le foyer sacré de la demeure de Zeus sur l'Olympe.

Pur et propre comme le feu, c'était aussi l'essence de la déesse. C'est pourquoi elle est toujours restée vierge. Elle avait fait le vœu de le rester, en touchant de sa main la tête de Zeus, d'où était sortie la vierge Athéna. C'est précisément la grande différence entre elle et Gaia, la mère nourricière à tous crins, qui ne cesse de donner la vie à de nouvelles créatures.

L'honneur qu'elle avait auprès des Grecs est également évident, puisque la saga raconte qu'Apollon et Poséidon s'étaient vainement disputés sa main.

Le service de culte d'Hestia

Aussi grande que soit la position d'Hestia parmi les Grecs, son culte était très simple. Les temples à elle seule étaient peu nombreux, car tous les foyers et autels enflammés étaient ses symboles. Dans de nombreux temples, un autel distinct était érigé pour elle. Lors des grands sacrifices solennels, on commençait généralement par une offrande à Hestia, qui était également honorée à la fin de la cérémonie. Selon une vieille légende, lorsque le monde fut divisé après la victoire sur les Titans, Hestia avait exigé pour elle-même une virginité éternelle et les prémices de tous les sacrifices. Ainsi, elle avait sa part de chaque prière, de chaque acte religieux, de chaque sacrifice et de chaque repas de fête qui suivait.

Ses principaux lieux de culte se trouvaient à Athènes, Oropos, Hermione, Sparte, Olympie, Larissa et l'île de Ténédos dans la mer Égée.

Hestia dans les arts visuels

De toute évidence, les sculpteurs devaient s'efforcer de donner à la déesse un aspect sérieux, chaste et digne. Elle était parfois représentée assise, parfois dans une position calme et debout. La plus célèbre statue de la déesse qui ait survécu à l'Antiquité se trouvait dans le palais Giustiniani à Rome. L'image de droite le représente. Le visage de la déesse a des traits sérieux. Des vêtements ajustés couvrent tout son corps, ses cheveux sont coiffés de manière très simple, l'arrière de sa tête et ses épaules sont recouverts d'un voile. Une main est tenue contre son flanc en signe de calme, l'autre pointe vers le ciel, qu'elle représente sur terre par sa puissance et son activité omniprésentes.

Poséidon

Dieu de la mer, de l'eau et des tremblements de terre

Les Romains ont identifié leur dieu Neptune avec Poséidon.

Dans la mythologie grecque, **Poséidon** (grec ancien : Ποσειδῶν, *Poseidỗn* ; dorique : Ποτειδαν, *Poteidan*, Ποσειδάων, *Poseidáôn*) est le dieu qui gouverne la mer, les eaux et leurs dieux. Mais il était aussi un dieu des chevaux et, en tant que "secoueur de terre", des tremblements de terre. L'équivalent romain est Neptune. Il est souvent représenté avec un trident.

Origine

Le nom de Poséidon, contrairement à celui de la plupart des autres dieux, a une dérivation indo-européenne. La première partie de son nom est le vocatif du grec πόσις / *pósis* (" mari légitime ") ou de l'indo-européen *pot- (" seigneur ") : πόσει / *pósei* ou πότει / *pótei*. La seconde partie de son

nom est associée par certains à δᾶ / dã (" terre ") ou -δᾶν / -dãn (cf. Zeus,
" dieu ").

Dans les tablettes d'argile linéaires B qui subsistent, le nom PO-SE-DA-O-
NE ("Poséidon") apparaît plus souvent que DI-U-JA (Zeus), ce qui semble
indiquer que les Mycéniens tenaient Poséidon en haute estime.
Cependant, il faut peut-être nuancer car Poséidon semble avoir été le dieu
principal à Pylos, où un grand nombre de ces tablettes ont été retrouvées.
Une variante féminine, PO-SE-DE-IA, a également été trouvée et indique
vraisemblablement une déesse partenaire disparue. Les tablettes de
Pylos rapportent des offrandes adressées aux "deux reines et à Poséidon"
et aux "deux reines et au roi", bien que le *wa-na-so-i* soit considéré
comme un lieu ou un bâtiment par Chadwick. Si les "deux reines" font
référence à des déesses, il s'agit probablement des déesses de la terre
Déméter et Perséphone ou de leurs prédécesseurs, déesses qui n'étaient
plus associées à Poséidon à des périodes ultérieures.

Poséidon était déjà connu comme un "secoueur de terre" - E-NE-SI-DA-O-
NE - à Knossos, à l'époque mycénienne, un attribut puissant quand on
sait que des tremblements de terre avaient accompagné l'effondrement de
la culture paléolithique minoenne. Il est remarquable qu'aucun lien entre
Poséidon et la mer n'ait été trouvé jusqu'à présent dans la culture
mycénienne, très dépendante de la mer. Cela suggère que Poséidon était
à l'origine un dieu chthonique (c'est-à-dire un dieu lié à la terre), qui n'a
acquis son autorité sur la mer que plus tard.

Ceci est également évident dans les mythes. Poséidon est né fils de
Kronos et de Rhéa, d'où il tire également son épithète de Kronios. Avec
ses frères et sœurs, il aurait été dévoré par son père, qui les aurait vomis
lorsque son plus jeune fils Zeus l'aurait détrôné. Selon d'autres, après sa
naissance, Rhéa le cacha parmi un troupeau d'agneaux et sa mère
prétendit avoir donné naissance à un jeune cheval, qu'elle donna à
Kronos pour qu'il le dévore. Une source près de Mantinée, où Poséidon
aurait été caché, appelée *Arne* ou "Lam(sbron)", en aurait tiré son nom.
Selon Ioannes Tzetzes, la nourrice de Poséidon portait le nom d'Arne.
Lorsque Kronos a cherché son fils, Arne aurait dit qu'elle ne savait pas où
il était. C'est à elle que la ville d'Arne doit son nom. Selon d'autres,
cependant, il a été élevé par les Telchins à la demande de Rhea.

Après la victoire sur les Titans et l'établissement du règne de Zeus,
lorsque le monde a été divisé par le destin, la mer avait été attribuée à
Poséidon. Il serait donc entré en contact avec cet élément par hasard. Il
faut cependant nuancer : si Poséidon avait une importante composante

chthonique dans son être, son lien avec l'eau sous toutes ses formes terrestres était une partie tout aussi essentielle de sa personne.

Culte

Le culte de Poséidon en Grèce était très général. Pratiquement toutes les tribus grecques et tous les paysages grecs étaient, bien que de manière différente, étroitement liés à lui. D'abord la Thessalie, qui devait son existence et sa formation, pour ainsi dire, à de grandes inondations et à des tremblements de terre orageux, où le dieu lui-même, en déchirant les montagnes, avait fourni à l'excès d'eau un passage vers la mer, puis la Béotie, si richement pourvue d'eau et en partie dans ses grandes cuvettes d'eau, comme le lac Kopaïs, avaient éprouvé dans une large mesure l'influence du dieu. Les deux pays étaient habités par la tribu des Minyens, connus pour leur nature chevaleresque et leur goût pour les excursions maritimes aventureuses. Plus loin dans le Péloponnèse, sur l'Isthme, créé en quelque sorte pour le commerce maritime, avec sa grande ville marchande de Corinthe, le culte du dieu, qui pouvait accorder tous les bons dons, mais aussi infliger les plus grands désastres, occupait naturellement une place prépondérante dans la vie religieuse. L'étroite bande côtière, située à l'extrémité nord du Péloponnèse, était presque entièrement la propriété du dieu. Le temple de Poséidon sur Isthmos abritait également le premier navire jamais construit, l'Argo. Là, après leurs glorieuses victoires sur les Perses, qui ont jeté les bases de leur puissance navale, les Grecs lui ont dédié une statue colossale en cuivre. Mais aussi dans l'intérieur du Péloponnèse, en Arkadia, où les rivières disparaissaient parfois sous terre, puis réapparaissaient soudainement, où l'on trouvait des bassins souterrains dans des grottes profondes, Poséidon jouissait d'une grande vénération.

À Troizen, il était vénéré comme *basileus* ("roi") et c'est là qu'il aurait engendré Thésée, le futur roi d'Athènes. Il était également vénéré comme *wanax* ("roi", "chef") à Corinthe.

Pour la possession d'Athènes, il avait combattu la déesse Pallas Athéna, et bien qu'il ait été vaincu par cette dernière, il avait laissé les traces de son séjour. On indique encore l'endroit au pied de l'Acropole où il a frappé la terre avec son trident. Pourtant, dans le culte, il apparaît comme complètement réconcilié avec Athéna, et c'est presque uniquement la glorieuse sculpture du pignon du Parthénon qui a conservé un souvenir de cette bataille. C'est pourquoi, à Athènes, une magnifique fête fut célébrée en son honneur, le Poséidon.

De même, le service du dieu était dispersé dans les colonies grecques. D'une part, il était célébré dans les colonies ioniennes, lors des Panioni, tenues en son honneur sur le promontoire de Mykale en Asie Mineure, où se trouve le sanctuaire de l'Hélicon Poséidon. Ils considéraient cette fête comme leur plus grande fête religieuse. Il était également vénéré dans les colonies doriennes, mais ici, les interférences et les confusions avec le culte oriental ne peuvent être négligées.Il va sans dire qu'à un dieu qui était vénéré dans tant d'endroits, on attribuait des attributs et des activités très différents, et que les mêmes traits de son être n'étaient pas partout aussi importants.

Le mois de décembre/janvier, au cours duquel la mer se révèle dans sa force la plus impétueuse, fut nommé d'après lui *Poseideōn* (Ποσιδεών, puis Ποσειδεών) dans le calendrier attique. Dans les autres calendriers de la Grèce antique, en revanche, aucun mois ne porte son nom.

Caractéristiques

La demeure de Poséidon n'est pas sur l'Olympe, auquel il a accès, mais avec sa compagne Amphitrite, il réside dans son palais doré à Aigai, situé dans les profondeurs de la mer.

Tout d'abord, il convient de souligner que Poséidon fait partie des dieux qui ont perdu le plus tôt leur importance en tant que dieu de la nature. Déjà chez les poètes les plus anciens, il apparaît comme le maître de la mer, nulle part comme une personnification de la mer elle-même. Son pouvoir, cependant, est limité. Selon Homère, il est le frère cadet de Zeus, de sorte que sa subordination à ce dernier correspond aux principes du droit patriarcal. En revanche, chez Hésiodos, Zeus est le plus jeune des fils de Kronos et de Rhéa, mais il est plus sage et plus fort que ses prédécesseurs. Poséidon n'a pas le calme et la sérénité impressionnants du souverain des cieux.

Aussi puissant et fort qu'il soit, il est aussi impétueux que l'élément sur lequel il règne. S'il frappe la mer avec son trident, qu'il porte toujours à la main en signe de sa dignité, les vagues se soulèvent impétueusement, écrasant les navires et inondant les terres au loin. Avec le même trident, il peut fendre les rochers, provoquer des tremblements de terre et soulever des îles de la mer. En revanche, un seul mot, oui, un seul regard de sa part suffit à calmer la plus violente des tempêtes. Lorsqu'il conduit son char d'or, avec de solides chevaux équipés de sabots de cuivre, sur la plaine de la mer à la vitesse du vent, alors même les vagues les plus hautes lui font un chemin lisse et les monstruosités des profondeurs se lèvent et dansent autour de son char. Cette caractéristique de son être inclut également les combats qu'il a menés avec d'autres divinités pour la possession de régions ou de villes, comme avec Pallas Athéna pour Athènes (cf. *supra*) et Troïzen, avec Hélios pour Corinthe, avec Héra pour Argos. Une preuve de son pouvoir sont aussi les monstres marins, qu'il peut concevoir et qui ne peuvent être satisfaits que par des sacrifices sanglants (par exemple Hesione et Andromède.), les taureaux sauvages, qui viennent de la mer à son ordre pour ravager les champs et tuer les gens, comme le taureau crétois ou le taureau marathonien ou comme le taureau qui a causé la mort d'Hippolyte.

D'autre part, son pouvoir fait aussi de lui le protecteur de tous les bateliers et pêcheurs. Ceux-ci le prient pour un voyage heureux et une pêche riche, et ils ne manquent pas de lui offrir des sacrifices en cas de succès de leurs efforts. La guerre maritime était également sous sa coupe. Il a donné la victoire dans une bataille navale. Par conséquent, tous les héros de la mer se considéraient comme ses favoris, parfois même comme ses fils.

Un deuxième trait de l'être de Poséidon est qu'il a secoué la terre mais, d'un autre côté, il l'a aussi tenue et portée de ses bras puissants. Lorsque les dieux prirent part à la bataille de Troie, Zeus lança ses éclairs du ciel, mais Poséidon fit trembler la terre, si bien qu'elle vacilla sur ses bases, et Aïdoneus, le prince des fantômes, craignit que le dieu de la mer n'arrache le couvercle de son sombre royaume et ne l'ouvre aux regards des dieux et des hommes. On lui attribuait donc tous les tremblements de terre, et là où l'on trouvait de grandes fissures ou des crevasses dans les rochers, là où des falaises abruptes s'élevaient dans la mer, les gens pensaient reconnaître les traces du trident de Poséidon. C'était notamment le cas de l'île de Nisyros, qui, disait-on, avait été arrachée de l'île de Kos par Poséidon lors de la Gigantomachie et projetée sur la tête d'un des Géants.

Athènes n'était pas le seul endroit où le trident du dieu avait laissé trois grandes ouvertures dans la terre en signe de sa présence.

Souvent aussi, il a fait surgir de la mer des îles, comme Rhodes, Anaphe, Délos, et, tel un habile maître d'œuvre, il les a fait reposer sur des fondations solides, ancrées dans les fonds marins. Il construisit également les portes de cuivre qui fermaient le Tartare, dans lequel Zeus avait jeté les Titans et les Hekatoncheires. De même, il a aidé le roi Laomedon de Troie à construire les murs de sa ville et l'a sévèrement puni lorsqu'il n'a pas voulu payer les salaires stipulés pour le travail. Cette infidélité du roi a fait de Poséidon l'ennemi des Troyens pour toujours.

Poséidon est aussi le dieu qui donne la fertilité à la terre, qui répand des bénédictions à travers les sources et les rivières qu'il crée, oui, il donne parfois des sources dont l'eau peut guérir les malades. C'est surtout dans les régions habituellement pauvres en eau que ce trait de son être s'est manifesté, comme en Arkadia et en Argolis. Ce dernier paysage n'avait pas la faveur du dieu, comme on l'appelait dans la saga, parce qu'Inachos l'avait attribué à Héra et non à Poséidon, mais à un endroit, l'eau claire d'une source jaillit encore du sol ; c'est là que Poséidon a joui de l'amour d'Amymone, la fille de Danaos.Peut-être faut-il aussi expliquer par ce trait le grand nombre d'enfants qu'on lui attribue (cf. *infra*).

La création du cheval lui est attribuée, l'élevage de chevaux, l'équitation et tous les exercices chevaleresques connexes étaient sous sa protection. Ce sont surtout les chevaux de pâturage, les troupeaux de chevaux, qui étaient sous la garde du dieu, et cela s'étendait d'ailleurs à tous les troupeaux en général.

Il existe plusieurs légendes sur l'origine du cheval. Parfois, nous lisons que Poséidon l'a fait apparaître en frappant un rocher avec son trident, d'autres fois, il est fait naître par la terre qu'il a fertilisée. Le premier cheval ainsi créé fut appelé Areion, auquel d'autres légendes attribuent cependant une origine différente. Il a d'abord appartenu à Héraclès, puis à Adrastos, dont on pense généralement qu'il est responsable de l'apprivoisement du cheval ; il avait appris à le diriger et à l'atteler. Mais il a dû partager cet honneur avec d'autres divinités, notamment Athéna, qui était également considérée comme l'inventrice de la rein, circonstance qui a donné lieu à une vénération commune des deux divinités, que l'on croyait auparavant hostiles l'une à l'autre. Néanmoins, Poséidon avait avant tout droit au nom d'*Hippios*, c'est-à-dire "le dieu cheval", et à ses favoris il offrait de beaux chevaux en cadeau. Ainsi les chevaux avec lesquels Idas parvint à sauver Marpessa de la persécution d'Apollon, ainsi selon certains les chevaux, avec lesquels Pélops remporta la victoire sur Oinomaos, tandis que d'autres légendes, en revanche, appellent précisément les chevaux d'Oinomaos un cadeau de Poséidon, ainsi surtout Balios et Xanthos, les deux chevaux d'Achilleus. Ces chevaux, issus de Poséidon ou donnés par lui à ses amis, étaient non seulement ailés, mais possédaient aussi le pouvoir de parler.

Il va sans dire que le dieu qui était en relation si étroite avec le cheval était aussi le dieu de toutes les courses, que ce soit avec des chevaux ou avec des voitures à cheval. Exceller dans ce domaine, avoir de beaux chevaux, les équiper de manière magnifique pour les défilés de certaines fêtes religieuses, ou de manière expéditive pour la bataille, était un point d'honneur chez les Grecs considérables et riches, surtout chez les

Athéniens. Tout ce qui s'y rapporte était sous la responsabilité de Poséidon, et il semble que dans tous les endroits où le dieu était adoré, des courses étaient périodiquement organisées en son honneur. Plus tard, deux concours de ce type prirent une telle ampleur qu'ils laissèrent tous les autres loin derrière, tout d'abord celui d'Onchestos, en Béotie, sur les rives du lac Kopaïs, une ville entièrement dédiée au service de Poséidon. Il y avait une forêt sacrée, où tous les charretiers avaient l'habitude d'atteler leurs chevaux, et même le cheval le plus féroce et le plus sauvage devenait calme en entrant dans cette forêt. Mais plus glorieux encore que ces courses étaient les jeux d'Isthme, qui devinrent l'un des quatre jeux panhelléniques des Grecs. Avec Poséidon, Melikertes était ainsi adoré, et son culte mêlait de façon particulière des coutumes étranges et étrangères au service grec de Poséidon. Les jeux d'Isthme étaient très anciens. On dit qu'ils ont été établis par le roi Sisyphos de Corinthe. Les Corinthiens les ont gouvernés. La couronne remise aux vainqueurs était autrefois faite de lierre, puis de branches de pin, toutes deux destinées à marquer la triste mort de Melikertes.

Relations amoureuses et enfants

Par son épouse légitime Amphitrite, il eut un fils et trois filles : Triton, Rhode, Kymopolea et Benthesikyme.

Les fils du dieu puissant et impétueux sont des créatures puissantes et féroces, ainsi le cyclope Polyphème par la nymphe Thoosa, ainsi le grand Kyknos, qui fut vaincu par Achilleus, ainsi Amykos, qui tomba sous le poing de Polydeukes, ainsi Korynetes, Prokrustes, Kerkyon et Skiron. Il détestait Ulysse parce qu'il avait rendu son fils Polyphème aveugle.

Il n'y avait pas de lieu où l'on adorait Poséidon sans que l'on raconte que des femmes, d'ascendance divine ou humaine, lui avaient témoigné leur amour en ce lieu et lui avaient donné des enfants. Cependant, cela s'explique en partie par le désir d'attribuer une descendance divine au *héros*, qui était considéré comme le géniteur d'une lignée ou le fondateur d'une *polis*. Ainsi, Poséidon est mentionné comme le père de Pelasgos, Hellen, Achaios, Minyas, Boiotos, Doros, Taras, Kalaurios. L'île de Kalauria tiendrait son nom de cette dernière, où se trouvait un sanctuaire dédié à Poséidon qui était le centre d'une amphiction précoce.

L'amour de Poséidon pour Arne, c'est-à-dire "l'agneau", qui lui donna Boiotos, et le mythe qui raconte que le dieu se transforma en bélier pour s'unir à Théophane, à qui il avait donné la forme d'une brebis, et conçut en elle le bélier à la toison d'or (voir Phrixos.), sont des exemples de la relation étroite dans laquelle le dieu était considéré comme lié à ces animaux.

Lorsque Poséidon eut conçu l'amour pour Tyro, la belle fille de Salmonée, qui elle-même aimait le dieu du fleuve Enipeus, et que le dieu l'eut rejointe sous son apparence, elle lui donna des jumeaux, Pélias et Néleus, qu'elle abandonna au milieu d'un troupeau de chevaux au pâturage. Le premier fut allaité par une jument, mais tous deux furent élevés au milieu des chevaux et devinrent de solides héros, qui prirent plaisir à tous les exercices chevaleresques, répandirent la culture de son animal favori au service de Poséidon, Pélias en Thessalie, Néleus à Pylos, et furent tous deux hautement bénis par leur père. De même, Hippothoön, le fils qu'Alope, la fille de Kerkyon, enfanta à Poséidon, fut trouvé par elle et allaité par une jument.

La saga de Mélanippe, qui abandonna les jumeaux Aiolos et Boiotos, qu'elle donna au dieu, dans une étable, où ils furent allaités par une vache et gardés par un taureau, fait allusion dans une certaine mesure à la protection des troupeaux par Poséidon (cf. *supra*). Les destins de Melanippe et de ses fils étaient un sujet de prédilection des poètes tragiques.

Dans une légende originaire de Corinthe, Poséidon est le père du cheval ailé Pégase, qu'il a engendré avec la gorgone Méduse. Lorsque ce cheval fut ensuite donné à Bellérophon pour son usage, Poséidon lui apprit à le dompter et à le maîtriser.

Il est aussi le père de Chrysaor, le très fort combattant, littéralement : celui qui a l'épée d'or.

Parmi ceux qu'il aimait, citons Libye, Agénor, Belos, Iphimède, Aloéus et Molione.

Selon Platon, Poséidon a eu cinq fils jumeaux de la femme Kleito et, pour se renforcer, a construit des anneaux sur une colline, trois d'eau, deux de terre, qui deviendront la capitale de l'Atlantide. Son fils aîné était Atlas, qui régnait sur les princes, ses neuf frères. Ensemble, ils régnaient sur l'île, sur d'autres îles de l'Atlantique, sur le "continent entourant l'océan" et sur les territoires situés dans les piliers d'Hercule. Leurs descendants se sont dégradés par soif de pouvoir et ont voulu annexer davantage de territoires à l'est. Selon Platon, les Grecs de l'Antiquité, en 9600 avant J.-C., ont réussi à vaincre les Atlantes. Zeus a mis fin à la civilisation atlantique par un déluge et des tremblements de terre, mais a également détruit la civilisation athénienne des Grecs anciens. Selon Platon, Solon a entendu cette histoire de la part des prêtres égyptiens de Saïs.

Attributs et symboles

Le dieu a donc été mis en relation étroite avec le monde animal. Ces animaux étaient particulièrement sacrés pour lui, dans les mouvements desquels on pensait remarquer une certaine ressemblance avec les mouvements des vagues de la mer. Ainsi, les vagues se brisant contre les falaises abruptes étaient comparées à des chèvres osant sauter d'un point rocheux à un autre, et les autres vagues à des taureaux aux cornes crochues. Même plusieurs villes, qui étaient sanctifiées au dieu, portaient leur nom d'après cela, ainsi Aigai d'après le mot grec *aix*, qui signifie chèvre, et Helike d'après *helix*, qui signifie corne croche. Dans d'autres endroits, des boucs et des agneaux de pâturage ont pris leur place.

Mais l'animal préféré de Poséidon est le cheval, soit parce qu'il sautille comme les vagues de la mer, et porte aussi comme elles, soit parce que, comme le dieu lui-même, il se plaît dans les prairies humides.

Parmi les animaux, on a sanctifié le dauphin, son fidèle compagnon de mer ; parmi les arbres, le pin, dont les branches servaient de prix dans le concours célébré en son honneur et dont le bois est le bois de construction des navires. Comme sacrifices, des taureaux noirs étaient généralement abattus à son service, ainsi que des chevaux, des béliers et des sangliers.

Il est généralement représenté avec un trident, l'arme qui lui avait été donnée par les Cyclopes avant la bataille des Titans.

Dans le domaine des arts visuels

Quant à la représentation de Poséidon par les arts visuels, elle correspond assez fidèlement aux descriptions des poètes. Ses images ressemblent beaucoup à celles de Zeus. Un torse large, de longues mèches tombantes et des yeux brillants sont la marque du roi du ciel et du maître de la mer. Mais les artistes ont donné à Poséidon des traits du visage plus anguleux que ceux de Zeus et des cheveux légèrement emmêlés. L'art ancien le représentait vêtu ; par la suite, il est devenu de plus en plus courant de représenter Poséidon nu également. Il a généralement son trident dans les mains et est accompagné d'un dauphin. Il le tient avec sa main ou met son pied dessus. Il est souvent représenté chevauchant un taureau, sur un cheval ou dans un char, souvent entouré de toutes sortes de créatures marines. Parfois, il est assis sur un trône, parfois - et c'est surtout le cas des statues colossales de ce dieu, que l'on trouve souvent près des ports et sur les promontoires - il est représenté debout. Ces statues colossales peuvent elles aussi être divisées en deux types : d'une part, celles qui le représentent avec son trident levé et le désignent comme le dieu de la mer déchaînée et des tremblements de terre et, d'autre part, les statues où, appuyé sur un rocher, il regarde au loin sur la proue d'un navire ou sur un dauphin, donnant l'impression d'un dieu qui, avec un pouvoir sûr de lui, gouverne la mer, dirige le navire et le conduit à bon port.

Le musée archéologique national d'Athènes abrite l'ancienne statue en bronze de 2,09 mètres de haut du "dieu de la mer", souvent appelée le "Poséidon du cap Artémision" (situé à l'extrémité nord de l'Eubée). En revanche, certains historiens de l'art estiment qu'il s'agit plus probablement d'une statue de Zeus, portant un faisceau de foudre à l'horizontale dans la main vide et levée, puisque Zeus était le seul dieu à posséder cet attribut. En effet, Poséidon ne tenait pas son trident horizontalement dans la représentation antique. Une comparaison avec les visages d'autres sculptures du style sévère du Ve siècle avant J.-C. étaye cette thèse.

Zeus

Les Romains ont identifié leur dieu principal, Jupiter, avec Zeus.

Zeus (prononciation courante aux Pays-Bas : *Zuis* ou *Zeus* ; grec ancien : Ζεύς (*prononciation grecque ancienne :* Zdews), genitivus Διός ou Ζηνός) est un personnage de la mythologie grecque.

Il est le dieu principal, qui régnait depuis le mont Olympe. Il était le fils de Kronos (Lat. Saturne) et de Rheia, deux des 12 Titans, les puissants fils et filles d'Ouranos, le dieu du ciel. Kronos était le successeur d'Ouranos. L'équivalent de Zeus dans la religion romaine est Jupiter.

Eleuthereus apparaît à certains auteurs comme un surnom de Zeus.

La signification de son nom (indo-européen *Djev = rayonnant, apparenté au latin *dies* = jour) indique une affinité avec le culte du firmament lumineux ; la fonction la plus essentielle de Zeus est celle de dieu du ciel. La nature et tous ses phénomènes lui étaient soumis. Il a lancé la foudre, rassemblé les nuages et les a séparés ; la pluie et la neige ont été provoquées par lui. Par conséquent, toutes sortes de hautes montagnes étaient considérées comme sa demeure : l'Ida en Crète, le Lycaeus en Arcadie, mais la plus célèbre est l'Olympe en Thessalie. L'aigle (à l'origine un symbole de la foudre) était son oiseau sacré, le chêne son arbre sacré, son bouclier était l'égide. En utilisant son foudre pour provoquer la foudre et le tonnerre, ainsi qu'avec un arc-en-ciel et le vol des oiseaux, Zeus donnait des présages aux hommes. Dans l'oracle de Dodone, les prêtres pouvaient entendre la volonté de Zeus en écoutant le bruissement des chênes dans la forêt sacrée dédiée à Zeus.

Très tôt, peut-être dès la période mycénienne (vers 1600 à vers 1100 av. J.-C.), il devient la figure centrale du panthéon grec et relègue les autres dieux au second plan. Suivant l'exemple des chefs de lignées considérables sur terre, ils ont présenté Zeus comme le chef de la famille des dieux. Sa famille avait aussi sa demeure sur l'Olympe et lui obéissait. Ainsi, Zeus est devenu non seulement le confirmateur de l'harmonie dans la nature, mais surtout de l'ordre social. Les rois et les princes tiraient leur pouvoir de Zeus et devaient lui rendre des comptes. Il était le dieu consultatif, protecteur de l'assemblée publique et exécuteur des serments. La famille était également sous sa responsabilité : en tant que Zeus Herkeios (= Protecteur de la cour), il avait un autel dans la cour de la maison. Surtout les invités et les étrangers étaient sous sa protection.

Bataille de Zeus et Kronos

Zeus est le seul fils à avoir échappé à la voracité de Kronos, qui s'était éveillé lorsque Gaïa avait prédit que l'un de ses fils le renverserait un jour du trône. Pour éviter cela, il a avalé tous ses enfants. Mais la triste Rhéa a réussi à garder la naissance de Zeus secrète et l'a caché dans une grotte sombre et isolée de Crète où il a été élevé par les nymphes. Il y a bu le lait de la chèvre Amalthea et les abeilles lui ont apporté du miel. Ida et Adrasteia, filles de Melissa, veillent sur lui et les prêtres de cette région, les Koureten, contribuent également à protéger le jeune dieu. Ils gardaient la grotte et quand il criait, ils frappaient fort leur armure pour que Kronos n'entende pas.

Lorsque Zeus, à l'âge adulte, confronta son père à son existence et exigea qu'il lui rende ses enfants dévorés mais immortels, une dure bataille pour le pouvoir s'engagea. Elle opposait Zeus d'un côté et Kronos avec la plupart des Titans de l'autre. Zeus libère les Cyclopes et les géants aux cent bras, les Hekatoncheirs, de la prison de Kronos dans le

Tartare, s'assurant ainsi leur aide. Il a fait descendre de l'Olympe son arme principale, les éclairs fabriqués par les Cyclopes, et a continué à le faire jusqu'à ce qu'il soit victorieux. Ainsi, Zeus a obtenu la domination sur le monde. Les frères et sœurs de Zeus (Poséidon, Hadès, Héra, Hestia et Déméter) avalés par Kronos ont été libérés de lui. Avec cela, une nouvelle génération de dieux, celle des dieux de l'Olympe, est arrivée au pouvoir.

Zeus et les géants

Une deuxième lutte terrible pour le pouvoir s'est déclenchée lorsque la mère primordiale Gaïa de la Terre n'a plus supporté de voir certains de ses enfants retenus prisonniers dans les enfers ; Zeus ne les avait pas libérés parce qu'ils lui étaient hostiles. Elle a encouragé les Géants à mener avec lui la bataille pour la suprématie céleste pour elle. Puis ces géants se sont libérés des enfers avec une grande violence et ont marché avec fureur et excitation vers les montagnes de Thessalie.

Iris a convoqué tous les cieux et a même demandé l'aide des esprits des morts. Tous les éléments ont été secoués : le ciel a tonné et la terre a tremblé. Chaque dieu participait à la bataille à sa manière : Phoibos Apollo tirait des flèches, Hephaistos lançait des charbons ardents sur les monstres, Poséidon combattait avec son trident, les Moires (déesses du destin) balançaient des massues, Héraclès (Hercule) se battait courageusement, et Zeus lui-même lançait à nouveau ses éclairs brûlants. Et à la fin, bien que les géants, dans leur fureur, aient arraché des montagnes entières et les aient empilées les unes sur les autres, Zeus a gagné la bataille et est devenu le maître de l'univers pour toujours et sans contestation, en tant que Suprême dans le cercle des dieux.

Héra et autres proches

La femme de Zeus était sa sœur, la déesse Héra, troisième fille de Kronos. Cependant, à sa grande colère et à son grand chagrin, Zeus était souvent frappé par les flèches du dieu de l'amour éternel Eros et ne pouvait résister à l'amour des autres femmes. Héra était très jalouse et tentait de multiples façons de dissuader Zeus de ses escapades amoureuses, mais souvent en vain : il eut au moins neuf relations avec des déesses et 14 avec des mortelles parmi les hommes. Il a engendré des dizaines d'enfants avec elles. Il a même séduit la belle Europa en se transformant en taureau puis en l'enlevant.

L'amour masculin n'était pas non plus boudé dans la mythologie grecque. Zeus, par exemple, avait des vues sur Ganymède. Cette histoire a souvent été discutée sous l'angle du rôle de l'homosexualité dans la culture grecque.

Fils et filles

Avec Héra, il a eu Arès, le dieu de la guerre. La fille de Zeus, la déesse de l'amour et de la beauté Aphrodite, est née de l'écume de la mer. Mais Aphrodite est aussi souvent considérée comme la fille d'Ouranos, dont les organes génitaux furent arrachés par son propre fils et tombèrent dans la mer, d'où Aphrodite émergea. Héra lui confia Héphaistos, le dieu de la forge, qui savait dompter la puissance du feu. Avec Leto, une fille du Titan Koios, Zeus a eu deux enfants : Apollon, le dieu de la prospérité et de l'ordre, protecteur de la loi et de tout ce qui est bon et beau dans la nature et parmi les hommes, et Artémis, déesse protectrice et salvatrice de la nature. Tous deux n'étaient pas mariés. Le fils de Zeus, Héraclès, est né sur terre. Par Léda, il a engendré les jumeaux Castor et Pollux et leur sœur Hélène, qui a joué un rôle majeur dans la guerre de Troie. Le mortel Tantalos, roi de Lydie, était aussi (probablement) un de ses fils.

Enfin, il y avait Pallas Athéna, la fille préférée de Zeus, la déesse de la sagesse, car elle avait surgi de son esprit après qu'il eut avalé la déesse Métis. Elle était donc un chef puissant et sage et le protecteur des États et des villes en temps de guerre et de paix. Dionysos était aussi le fils de Zeus. Dionysos est né de la hanche de Zeus. Dionysos est le dieu du vin et de la détente. Par la mortelle Danaë, il a engendré Persée. Ce dernier est ensuite devenu célèbre pour son combat contre Méduse, au cours duquel il l'a décapitée.

La déesse Iris était la messagère, par laquelle la communication entre les dieux et les humains avait lieu. Hermès était aussi le messager des dieux. Il escortait les esprits des morts jusqu'à Hadès.

Art et accessoires

Dans les arts visuels, Zeus est le plus souvent représenté comme un homme digne et royal à la barbe et aux cheveux luxuriants. Dans les représentations plus anciennes, il porte une couronne de feuilles de chêne, puis une couronne de laurier. Ses attributs, selon la fonction dans laquelle il est représenté, comprennent un sceptre, un bol à sacrifices, un aigle ou un petit Nikè, un éclair et un globe terrestre.

La statue de Zeus la plus célèbre de l'Antiquité était la statue assise en or et en ivoire (considérée comme l'une des sept merveilles du monde antique, connue par certaines pièces de monnaie et par une description de Pausanias ; perdue) réalisée par Phidias pour son temple d'Olympie.

Zeus chez les peuples non-grecs

Dans l'Antiquité, il y avait de nombreux contacts entre les différents peuples de la mer, et ils ont adopté de nombreux éléments des différentes religions les uns des autres.

Ainsi, même avant l'époque hellénistique, Zeus était connu des Phrygiens et était identifié au dieu Amon en tant que dieu suprême, et était donc également vénéré sous le nom de Zeus-Amon. Amon était considéré comme un dieu tant chez les Égyptiens que chez les Libyens, avec des interprétations différentes.

Les Romains identifiaient Zeus à Jupiter, les peuples germaniques à Wodan et les peuples scandinaves à Odin.

Titans et Titanesses

Cronus

Cronus a été identifié plus tard avec le dieu romain Saturne.

Kronos (grec ancien : Κρόνος) ou **Cronus** (latinisé) est un personnage de la mythologie grecque. L'équivalent dans la mythologie romaine est Saturne. Il est le plus jeune des Titans, fils d'Ouranos et de Gaia. Cronos est souvent confondu avec le dieu primordial Chronos, qui a émergé du Chaos, mais ce sont deux entités séparées et distinctes qui ne se ressemblent que de nom.

La domination du monde

Le père de Kronos, Ouranos, jaloux de tous ses fils, les rejeta dans les profondeurs de la terre. Gaia, la mère de Kronos, voulait se venger et a incité Kronos à castrer son père. Ce que Kronos a fait avec une faucille. Il est alors devenu souverain à la place de son père. Il épousa sa sœur Rhéa, mais il ne voulait pas que les enfants nés de ce mariage vivent, car ses parents lui avaient prophétisé que l'un d'eux le priverait de son règne. Dès que les enfants sont nés, il les a dévorés de leur peau et de leurs cheveux. Ainsi, il a successivement avalé Hestia, Déméter, Héra, Hadès et Poséidon. Lorsque Rhéa est enceinte de Zeus, elle s'enfuit en Crète et y accouche en secret. Pour tromper Kronos, elle lui donna une pierre enveloppée dans un tissu, qui fut avalée par Kronos. Ainsi, Zeus a été épargné. Une fois que Zeus a grandi, il a forcé Kronos à ingérer un mélange de vin et de moutarde et à recracher tous les enfants qu'il avait avalés. Avec l'aide de ses frères, de ses sœurs, de quelques Titans et d'autres alliés parmi les dieux, Zeus a vaincu et détrôné Kronos et est devenu le roi des dieux et des hommes. Avec ses frères Hadès et Poséidon, il coupe Kronos en morceaux et le jette dans le Tartare.

Kronos et ses alliés ont été emprisonnés dans les profondeurs de Tartaros, entourés par une nuit de trois/deux, et strictement gardés par les Cyclopes et les Hekatoncheirs. Selon certaines sources, ils ont ensuite été graciés et autorisés à rester dans les champs élyséens. D'autres mythes racontent que Zeus a permis à Kronos de s'échapper en Italie, après quoi il y est devenu le souverain de l'Italie.

Baal Hammon

Le dieu principal Baal Hammon des Carthaginois a été identifié à Kronos dans l'Interpretatio Graeca.

Gaea

Gaea, ou Ge, est la personnification de la Terre en tant que déesse.

Gaia (grec ancien : Γαῖα, Γαῖη ou Γῆ) ou **Gaea** (latinisé) est un personnage de la mythologie grecque. Elle est la mère primordiale, la Terre, qui a surgi du Chaos au début des choses. Le chaos contenait tous les constituants de base, les quatre éléments que sont la terre, l'eau, l'air et le feu. C'est de là, entre autres, qu'est née Gaia.

Caractéristiques externes

Gaia, la déesse de la nature et de la Terre, était représentée sous la forme d'une femme plantureuse, qui émergeait souvent du sol, toujours attachée à celui-ci. La Terre elle-même était considérée dans la mythologie grecque comme un disque plat (Terre plate), entouré par le fleuve Okeanos (l'océan), supportant le dôme céleste d'Ouranos.

La progéniture

Selon les sagas et les mythes grecs, Eros a amené Gaia à se lier à l'eau et au ciel, donnant ainsi naissance à la mer (Pontos) et au ciel (Ouranos). De même, les Titans, les trois Cyclopes borgnes et les trois géants à cent bras sont sortis de la Terre mère primordiale. Ces derniers étaient appelés Briareos, Gyes et Kottos et chacun avait également cinquante têtes. On les appelait aussi les Hekatoncheirs. Les Titans et les Cyclopes ont été engendrés par Ouranos.

Comme le montre l'arbre généalogique, Gaia est la mère de certaines espèces. Les titans et les cyclopes. Il existe également une autre espèce dont les gens ne sont pas sûrs qu'elle descende d'elle. A savoir, il s'agit des géants.

L'amour maternel de Gaia joue un rôle majeur dans les histoires. Lorsque Ouranos se sentit menacé par les cyclopes géants et les enferma dans l'abîme Tartaros, elle tenta de protéger ses enfants contre lui. Elle a demandé aux Titans de l'aider, mais seul le plus jeune, Kronos, a répondu à son appel. Gaia fit naître le fer dans son ventre terrestre, en fit une faux aiguisée et la donna à Kronos comme arme. Avec elle, il a mutilé son père Ouranos et lui a pris les rênes. Cela a amené le crime et la violence dans le monde.

Cet acte de violence eut d'autres conséquences, car des gouttes de sang tombées dans la terre naquirent les Gigantes, un genre géant, et les Erinyes, les hideuses déesses de la vengeance. De plus, un oracle a été prononcé sur Kronos selon lequel l'un de ses propres fils le déposera également de son trône. Son fils Zeus va en effet exécuter l'oracle.

Gaia a ensuite joué un autre rôle important dans la deuxième grande guerre pour la suprématie céleste, entre Zeus et ses adversaires, les monstrueux Géants. Elle ne supporte pas de voir ses enfants tourmentés dans le Tartare et les appelle à combattre Zeus. C'est ce qu'ils ont fait, mais sans succès. Zeus était devenu le grand maître du ciel pour toujours après cette guerre.

Dans les autres religions

L'idée d'une déesse de la nature est bien plus ancienne que la civilisation grecque. Cependant, on ne sait pas comment les personnes plus âgées l'appelaient. Des archéologues ont découvert des figurines de Vénus datant de l'âge de pierre. Aujourd'hui encore, elle est vénérée par les religions païennes, soit comme une déesse, soit comme une force de la nature.

Atlas

Atlas (grec ancien : Ἄτλας - " le porteur ", de τλάω / tláô, " porter, soutenir ") est un personnage de la mythologie grecque. Selon la légende, Atlas porte les cieux sur ses épaules en guise de punition et est associé aux montagnes de l'Atlas, à l'Atlantide et à l'océan Atlantique. En réalité, il pourrait avoir été roi de Maurétanie.

Famille de dieux

On dit qu'Atlas est le fils de Iapetus, Poséidon ou Ouranos. Atlas est le père de Maia et donc le grand-père d'Hermès. Les six autres Pléiades sont également des filles d'Atlas et, ensemble, elles sont appelées "Atlantides" ("ides" est un suffixe grec qui signifie fils ou fille). Calypso, qui résidait sur l'île d'Ogygie, au milieu de l'océan, était également une fille d'Atlas.

Punition

Atlas était l'un des enfants du Titan Iapetus. Contrairement à ses frères Prométhée et Épiméthée, Atlas a combattu aux côtés des Titans qui ont soutenu Kronos dans la guerre contre Zeus. En raison de l'âge avancé de Kronos, c'est Atlas qui a mené les Titans au combat. En conséquence, Atlas a reçu une punition spéciale de Zeus et a été condamné à se tenir sur le bord occidental de la terre (Gaia) et à porter la voûte céleste (Uranus) sur ses épaules, les empêchant de maintenir leur union originale.

Atlantis

Selon Platon, Atlas était le fils aîné du dieu de la mer Poséidon et de la femme Cléito et avait neuf frères sur lesquels il régnait en tant que roi. Tous les dix avaient une partie de l'Atlantide à gouverner, des îles et des territoires associés du continent occidental et à l'est dans les Piliers d'Hercule (nom actuel : Rocher de Gibraltar). L'océan Atlantique a été nommé d'après l'Atlantide. Leurs lointains descendants se sont dégradés et ont voulu conquérir davantage de territoires à l'est par soif de pouvoir. Les anciens Grecs d'Athènes sont parvenus à empêcher cela, selon Platon, vers 9600 avant Jésus-Christ. Zeus a mis fin à la civilisation atlantique par un déluge et des tremblements de terre, mais en même temps la civilisation grecque antique a sombré avec elle.

Selon l'historien phénicien Sanchuniathon, Atlas a été enterré dans un profond trou dans la terre par ordre de son frère Cronus, parce que Cronus n'avait pas confiance en Atlas. Cronus et Atlas étaient tous deux fils d'Ouranos, selon l'histoire de Sanchuniathon.

Rencontre avec Héraclès

Atlas joue un rôle dans les douze travaux d'Héraclès. Héraclès a reçu l'ordre de voler les pommes d'or de l'arbre du jardin des Hespérides, mais un mortel ne pouvait le faire impunément, car l'arbre était un cadeau de mariage de Gaïa à Zeus et Héra. Héraclès est donc allé voir Atlas, qui, selon certaines sources, est le père des Hespérides, et lui a demandé s'il pouvait cueillir les pommes pendant qu'il lui succéderait pour un temps à la voûte céleste. Mais quand Atlas est revenu avec les pommes, ce dernier n'a pas voulu reprendre la voûte céleste et lui a proposé de livrer les pommes lui-même. Héraclès usa d'une ruse et demanda si Atlas voulait bien se charger du fardeau pour un moment afin de lui mettre un tissu sur les épaules pour rendre le poids plus supportable. Quand Atlas a soulevé le ciel à nouveau pour un moment, Héraclès est parti avec les pommes.

Dans une autre version, Héraclès a construit les piliers d'Héraclès qui portent le ciel, libérant ainsi Atlas de son châtiment.

Origine des montagnes de l'Atlas

À l'époque d'Hérodote, l'Atlas était déjà assimilé aux montagnes de l'Atlas
du même nom. Selon ce mythe, Atlas a essayé de chasser le Persée
perdu. Mais Persée a utilisé la tête de Méduse pour transformer Atlas en
pierre et quand il est tombé, les montagnes de l'Atlas ont été créées.
Cette histoire ne peut être conciliée avec les récits dans lesquels Atlas
rencontre et aide Héraclès avec ses 12 travaux, car Héraclès est employé
par Eurystheus, le petit-fils de Persée.

Influence culturelle

Atlas est également représenté sur le palais de la place Dam à
Amsterdam. Debout sur le fronton de la façade arrière du Nieuwezijds
Voorburgwal, Atlas domine la voûte céleste. Conçue par Artus Quellinus
et coulée par le célèbre fondeur de cloches François Hemony. Une statue
d'Atlas est également placée dans la salle des citoyens, sur le côté ouest.
On disait aux enfants qu'Amsterdam tomberait si Atlas lâchait son globe.

En outre, Atlas se trouve entre deux Fama sur de nombreuses horloges à
queue frisonnes.

Prométhée

Dieu du feu

Prométhée (grec ancien Προμηθεύς) est un personnage de la mythologie grecque, qui le classe dans le genre des Titans et le voit comme le protecteur, voire le créateur de l'homme. Ses mythes sont surtout connus grâce aux œuvres d'Hésiode et à la tragédie *Prométhée passionné*, mais aussi grâce aux écrits ultérieurs du pseudo-Apollodoros et d'Ovide. Son nom signifierait "savoir d'avance" ou "prévoir", contrairement à son frère Epiméthée ("celui qui pense après coup").

Mythes

Selon la *Théogonie d'*Hésiode, datant du VIIIe siècle avant J.-C., Prométhée était le fils du Titan Iapetos et de l'Océanide Klymène (ou Asia), qui devint plus tard sa maîtresse. D'autres sources indiquent que Themis est sa mère. En outre, il était le frère d'Atlas et d'Epimetheus, entre autres, qui ont épousé Pandore. Prométhée devait son immortalité à Cheiron le centaure.

La *Bibliotheka* du pseudo-Apollodoros et les *Métamorphoses* d'Ovide racontent que Prométhée et la déesse Athéna ont créé ensemble les premiers humains à partir d'argile dans la ville de Panopeus. Dans l'Antiquité, les pierres de couleur sable situées à proximité de cette ville étaient une attraction touristique, car elles étaient considérées comme les vestiges d'une expérience de création antérieure de Prométhée. La création a été commandée par Zeus, qui, cependant, s'est ensuite montré moins friand de l'humanité.

Lors d'une dispute entre Zeus et les humains au sujet de la répartition des animaux sacrifiés, Prométhée se pose en arbitre. Il a recouvert un tas d'os d'une graisse savoureuse, a caché la meilleure viande sous un tas d'entrailles, puis a laissé Zeus choisir en premier. La divinité omnisciente a fait semblant d'être dupe et a choisi la première pile. Pour se venger, il décida de cacher à l'homme le secret du feu.

Cependant, lorsqu'il s'agissait de répartir les dons et les compétences, les êtres humains étaient déjà désavantagés. Tant en termes d'instinct de survie que de défenses naturelles, les autres êtres vivants étaient bien mieux lotis. Par amour pour l'humanité, Prométhée a volé le feu aux dieux de l'Olympe et l'a donné aux humains. Il a appris aux humains à travailler le métal avec lui et leur a enseigné la science et l'art. Prométhée était dépeint comme un enseignant et un inventeur, qui enseignait aux gens le respect mutuel et leur apprenait à penser à l'avenir. Selon la tragédie attique *Prométhée enchanté* - probablement attribuée à tort à Aischylos - le Titan a également déjoué un plan de Zeus visant à détruire l'humanité.

Zeus a puni Prométhée et les humains pour avoir volé le feu interdit du ciel. La némésis, la " justice vengeresse ", est tombée sur le Titan : il était enchaîné à un pilier dans la chaîne de montagnes du Caucase et chaque jour l'aigle Ethon venait picorer son foie et le manger. La nuit, le foie a repoussé, et le supplice a pu recommencer. La némésis voulue éternelle a pris fin car le héros Héraclès, avec l'approbation de Zeus, a tué l'aigle lors de son onzième travail. Hésiode ne le mentionne pas, mais selon *Prométhée menotté*, le captif était également libéré de ses chaînes.

Le châtiment de l'humanité était également sévère et n'a pas été abrégé. Zeus fait fabriquer la première femme, Pandore, et l'envoie avec sa beauté, ses charmes et ses ruses à Epiméthée. Ce Titan stupide avait été averti par son frère Prométhée de ne pas accepter de cadeaux des dieux, mais il accepta Pandora. Elle a ouvert la jarre qu'elle portait et a laissé la guerre, la maladie, la pauvreté et d'autres maux s'échapper dans le monde. Seul l'espoir restait au fond.

Prométhée a eu un fils, Deukalion. La mère était Pronoia ou Hesione, en tout cas une fille d'Okeanos. Deukalion a épousé Pyrrha, la fille d'Epiméthée et de Pandore. Lorsque Zeus a envoyé un déluge pour détruire l'humanité, Prométhée a révélé le plan à Deukalion et Pyrrha afin qu'ils puissent se sauver dans un cercueil. Prométhée reprend ici le rôle d'Enki dans l'épopée du déluge de la mythologie sumérienne. Deukalion et Pyrrha se sont posés sur le Parnassos après neuf jours et ont donné naissance à une nouvelle race d'humains.

Les divinités du ciel

Phaëthon

Phaëton (grec ancien : Φαέθων), également appelé Phaëthon, est un personnage de la mythologie grecque. Le héros Phaëton est le fils du dieu du soleil Hélios et de Klymène (dans certaines traditions, il était le fils d'Apollon et de Klymène). Menops (ou Merops) était son beau-père.

Mythe

Hélios (le Soleil) montait chaque jour sur le char solaire. Epaphus (Apis) était le fils de Io et de Jupiter (Zeus). Amoureuse de Jupiter, Io avait fui d'Argolis en Egypte pour éviter la vengeance de Junon. En Égypte, Io était vénérée sous le nom d'Isis. Epaphus a insulté Phaëton, qui avait le même âge que lui. Selon Epaphus, c'était un mensonge que Phaëton soit le fils du Soleil. Le plus grand souhait de Phaëton, pour prouver qu'il était bien le fils du Soleil, était de monter lui aussi sur ce char, et un jour il saisit cette chance. Son père lui avait dit qu'il pouvait demander tout ce qu'il voulait. Il a mis l'auréole de Phaëton sur sa tête. Les quatre chevaux solaires ailés et cracheurs de feu, Pyroïs, Eoüs, Aethon et Phlegon, remarquent cependant que quelqu'un d'autre tient les rênes et s'enfuient. Le char solaire a frôlé la terre et la chaleur a créé de grands espaces arides : les déserts, Ovide écrit que la Libye est alors devenue désertique. Les montagnes se sont enflammées et ont "brûlé", les fleuves se sont évaporés et "les grandes villes ont péri avec leurs murs et tout ; le feu a réduit en cendres les pays et leurs peuples". Ovide mentionne 25 montagnes, dont l'Etna, les Alpes, le Caucase et les Apennins, et 24 fleuves par leur nom, dont l'Euphrate, le Gange, le Danube, le Nil, le Rhin et le Rhône.

Avant que la terre entière ne soit en feu, le dieu suprême Zeus a décidé d'intervenir. Après une supplique de la Terre nourricière, il lança un coup de foudre sur Phaëton, qui tomba du char, plongea "comme une étoile" (comète) dans l'Eridanus et mourut. L'épave du char solaire avec les fragments brisés, le toom, l'essieu du char, l'arbre du timon, les roues etc., est tombée sur terre, les chevaux sont retournés au soleil.

Lampetia, Phaëtusa et une sœur non nommée étaient les trois filles d'Hélios et de Neaera (les "Héliades"), et donc les demi-sœurs de Phaëton. Après la mort de Phaëton, ils ont pleuré sa mort. Leurs larmes se sont figées en ambre et les sœurs ont été transformées en peupliers. Cycnus, l'ami de Phaëton, gouverneur des fortes forteresses des Ligures, s'est transformé en cygne de chagrin. Le soleil a porté des vêtements de deuil pendant une longue période, privant la terre de la lumière du soleil.

Uranus

Ouranos (grec ancien : Οὐρανός) ou **Uranus** (latinisé) est un personnage de la mythologie grecque. Il est la personnification du paradis. Selon Hésiode, cette coupole céleste est suspendue aussi haut au-dessus de la terre (Gaia) que le Tartare (la partie la plus profonde du monde souterrain) se trouve en dessous. Une enclume de bronze mettrait dix jours à tomber d'Ouranos à la surface de la terre. Ouranos était rarement dépeint comme une personne.

Le nom *Ouranos* est parfois associé à la divinité hindoue Varuna. Les deux noms proviendraient d'une racine indo-européenne signifiant "couvrir". Toutefois, cette théorie n'est pas largement répandue. L'équivalent romain d'Ouranos est Caelus.

Origine et descendants

Ouranos est le fils et l'époux de Gaia, la Terre. Ils forment le plus ancien couple de dieux et sont responsables de la création de nombreux personnages mythologiques, dont les Cyclopes, les Titans, les Hécatoncheirs et les Océanides. Craignant pour sa progéniture, Ouranos bannit les Cyclopes, les Titans et les Hécatoncheirs au Tartare. Finalement, avec l'aide de sa propre femme Gaia, il est lui-même castré avec une faucille par son fils, le Titan Kronos . Ses organes génitaux tombent dans la mer et de la graine naît Aphrodite. Du sang qui éclabousse la terre, naissent les Erinyes (Furies), les géants et les Meliae (nymphes du frêne). Depuis la castration d'Ouranos, Kronos règne sur le monde avec sa sœur et épouse Rheia jusqu'à ce que Kronos doive à son tour céder la place à son fils Zeus.

Éole

Gardien divin des vents et roi de l'île mythique et flottante d'Aiolia (Aeolia)

Éole (grec ancien : Αἴολος, *Aiolos* ; néerlandais, obsolète : *Eool*) est un personnage de la mythologie grecque et romaine. Il était le fils de Poséidon qui avait été nommé par Zeus gardien des vents : Boreas le vent du nord, Notos le vent du sud, Euros le vent de l'est et Zephyrus le vent de l'ouest. Éole gardait ces vents enfermés dans une grotte et pouvait les envoyer à chaque fois qu'il voulait apporter du vent.

Éole a rencontré Ulysse sur les îles Liparian. Il a donné à celui-ci un sac, qui contenait des vents contraires, afin qu'Ulysse ne souffre jamais de vents contraires. Cependant, les compagnons de voyage d'Ulysse étaient si curieux qu'ils ont regardé dans le sac. Les vents contraires se sont échappés, empêchant Ulysse d'atteindre encore sa destination.

Éole est également la divinité qui a empêché les Grecs de partir pour Troie (sur l'insistance d'Artémis) avant que le roi Agamemnon ne sacrifie sa fille Iphigénie à la déesse.

Le dieu est également l'ancêtre mythique des Éoliens.

Un *processus éolien est un* terme de la science du sol qui indique que certaines couches ont été formées et déposées par le vent. Le lœss en est un exemple.

Divinités chthoniennes

Erinyes (Furies)

Déesses du châtiment

Les **Erinyes** (grec ancien : Ἐρινύες) sont des personnages de la mythologie grecque. Ce sont des déesses de la vengeance, qui poursuivaient et tourmentaient ceux qui avaient fait quelque chose de mal. Les Erinyes vivaient dans le monde souterrain et venaient sur terre lorsqu'un criminel devait être puni par leur vengeance. En latin, on les appelle **Furiae** - ou **Dirae** - (les terribles), et en néerlandais **Furiën**.Les Erinyes avaient aussi pour tâche de garder le Tartare. Le mot "furieus" (en colère, furieux) dérive du nom néerlandais des Erinyes, les Furies.

Origine

Les Erinyes sont nées du sang d'Uranus, lorsqu'il a été émasculé par son fils Kronos et que le sang est tombé sur le corps de Gaia, la mère terre. D'autres variantes racontent que les Erinyes étaient les filles de Nyx, la Nuit. Les Erinyes étaient trois femmes : **Alecto**, l'éternelle (l'impitoyable), **Megaera**, (la désapprobatrice) et **Tisiphone**, (la punissante). Ils représentaient donc différents aspects de la punition. Les Erinyes étaient plus anciennes que les dieux de l'Olympe, et n'étaient donc pas subordonnées au dieu suprême Zeus.

Apparition

Les Erinyes avaient l'air terrifiant. Leurs cheveux étaient faits de serpents, du sang coulait de leurs yeux. On pensait parfois qu'ils avaient des ailes comme celles d'une chauve-souris et le corps d'un chien. Ils avaient des torches enflammées et des fouets avec des barbes en métal dans leurs mains. Tisiphone est tombée une fois amoureuse de Cithéron. Cependant, il a trouvé la mort parce qu'un des serpents sur sa tête l'a mortellement mordu.

Revenge

La pire chose qu'un Grec pouvait faire dans les temps anciens était de tuer un membre de sa famille. Le fait d'offenser un ami ou un étranger est également une infraction grave. Selon la mythologie, un tel criminel était poursuivi par les déesses de la vengeance. Les déesses de la vengeance utilisaient des serpents, des torches et des fouets. Les Erinyes apparaissaient dans les rêves des personnes poursuivies et il n'y avait nulle part où se cacher d'elles. A chaque fois, le coupable se voyait rappeler sa culpabilité. Même après la mort du coupable, il n'a pas eu de repos. Selon la mythologie romaine, les Furiae ont fini par rendre le coupable fou.

Lorsque les Erinyes avaient du temps à perdre ou qu'elles en avaient envie, elles allaient torturer les criminels de la pègre.

Ce n'est que lorsqu'une personne était purifiée de sa culpabilité que les Erinyes arrêtaient leur vengeance. Les Erinyes se sont ensuite transformées en **Euménides** (*"bienveillantes"*). Un criminel pouvait se libérer des Erinyes en se repentant grandement et en se purifiant de sa culpabilité en faisant de bonnes actions.

Oreste

Une victime célèbre des Erinyes était Oreste, car il a tué sa mère Klytaimnestra. Cependant, cela est dû au fait que sa mère avait auparavant tué son père Agamemnon dans le bain. Klytaimnestre, à son tour, était en colère contre Agamemnon parce qu'il voulait sacrifier sa fille Iphigénie, sur ordre d'Artémis.

Bien qu'Oreste ait été incité à le faire par le dieu Apollon avant de commettre le meurtre, il a néanmoins été poursuivi par les Érinyes. La déesse Athéna a porté cette affaire injuste devant un tribunal divin spécial, l'Aréopage. Les procureurs d'Oreste étaient les Erinyes, qui agissaient au nom de la mère d'Oreste. Défendre Oreste, c'était Apollon. Lors du vote, la voix d'Athena dans le jury a été décisive. Oreste est acquitté ; les Érinyes se réconcilient avec ce verdict et deviennent sympathiques à Oreste.

Cette histoire montre la vision que les Grecs anciens avaient du destin de l'homme. L'homme ne peut échapper aux caprices des dieux : il ne peut jamais faire le bien à leurs yeux. La même conviction est évidente dans l'histoire d'Œdipe. Il est issu d'une famille royale, mais celle-ci est maudite : trompé par les dieux, il tue son père puis épouse sa mère.

Hécate

Hécate (grec ancien Ἑκάτη) est une déesse chthonique de la mythologie et de la religion grecques, et était associée à la magie, aux esprits, à la lune, à la nuit et aux carrefours. Les Grecs ne la représentaient pas souvent, mais la décrivaient comme une déesse dotée de trois têtes : celle d'un chien, d'un cheval et d'un serpent ou d'un lion. Les origines du culte d'Hécate se trouvent probablement en Carie, en Anatolie. Elle était particulièrement invoquée par les femmes lors de la naissance de leur enfant. On dit aussi qu'elle avait deux chiens fantômes avec elle, et que son arrivée était annoncée par l'aboiement d'un chien. Sa prêtresse la plus célèbre était la sorcière Médée. La fête d'Hécate était célébrée en Grèce le 13 août et le 30 novembre, et dans l'Empire romain le 29 de chaque mois.

Étymologie

Hécate, selon le *Dictionnaire étymologique du grec,* est vraisemblablement d'origine non-grecque, impliquant peut-être une association avec les épithètes grecques d'Apollon (et d'Artémis). Il s'agit de *hékatos* ("tirer loin"), *hekatebólos* ("tirer de loin") ou *hekebólos* ("frapper à volonté"). Une autre étymologie est *hékas*, "loin". L'explication des dérivés des *hékas, hékatos* et autres sont les attributs impressionnants et mystérieux d'Hécate. En outre, on a proposé l'étymologie de *hékaton*, "cent", en partie parce qu'Hécate exigeait des sacrifices de cent bovins, appelés hécatombe, ou parce qu'Hécate régnait sur les esprits des personnes qui n'avaient pas été enterrées, les forçant à errer pendant cent ans.

Origine

A l'origine, Hécate n'est probablement pas une déesse grecque. Selon une hypothèse, son culte serait venu de Thrace, comme celui d'Orphée, par exemple, parce que son culte était clairement établi à Samothrace, qu'il y a des similitudes entre Hécate et la déesse thrace Bendis (assimilée à Artémis), et parce qu'il y a des interfaces avec les cultes phrygiens. Une autre hypothèse est celle de Caria, dans le sud-ouest de l'Anatolie, où le culte était particulièrement fort. Par exemple, la ville carienne d'Idrias a d'abord été appelée Hécateia, et la ville de Lagina était son principal centre de culte en Anatolie. L'Hécate locale, Hecate Laginitis, était fortement associée à Zeus Panamerios, ce qui lui conférait vraisemblablement le rôle d'épouse du dieu principal et de déesse mère. Il y avait aussi la fête annuelle "de la clé" (*kleidos pompé*), qui faisait référence aux mystères du monde souterrain.

Que ses origines ne soient pas grecques suggère le fait qu'elle n'apparaît pas dans l'*Iliade, l'Odyssée* et d'autres épopées anciennes, alors que cela serait évident avec, entre autres, la descente aux enfers d'Ulysse dans l'*Odyssée*, puisque Hécate est devenue connue comme une déesse chthonique. Au cours de ce processus, des récits contradictoires de la généalogie d'Hécate ont existé, Hésiode a affirmé qu'elle n'avait pas de frère ou de sœur, des familles et des clans n'ont pas revendiqué de descendance d'elle, ses temples et ses statues n'étaient pas liés aux légendes anciennes, et enfin, son rôle de terrifiante souveraine de la sorcellerie ne semble pas être véritablement grec. De plus, son culte ne semble pas avoir bien pénétré dans des régions plus reculées comme l'Arcadie, où elle n'était pas associée à Artémis, Déméter Erinys et Despoina, dieux qui étaient associés à son culte ailleurs. Enfin, on lui sacrifiait des chiens, ce qui était inhabituel dans la religion grecque.

Cult

Tout au long de l'Antiquité, l'image d'Hécate a changé, mais en général, elle est restée une déesse de la protection et de la destruction, de la fertilité et de la mort.

Développement

Le développement du culte d'Hécate est divisé en trois étapes. Dans un premier temps, Hécate montrait encore des liens de parenté avec les déesses-mères anatoliennes, comme la Hurritique Hepa (ou Hepat). Elle semblait alors être plus connectée au soleil qu'à la lune et aux aspects occultes. Une source ancienne pour cette scène antique est la *Théogonie* d'Hésiode, où, dans une ode, elle est appelée "la plus estimée parmi les dieux immortels". Dans un deuxième temps, l'image grecque d'une Hécate terrifiante est développée, où elle devient principalement la déesse des fantômes, de la magie et de la lune. Cette image est évidente dans les papyri magiques grecs. La troisième étape est le paganisme tardif. Elle était toujours considérée comme une déesse terrifiante, mais son attribut lunaire était devenu insignifiant. Au lieu de cela, l'accent a été mis sur son rôle de déesse de la force vitale cosmique et des vertus qui nourrissent l'âme. Cette image est apparue sous l'influence des *oracles chaldéens*, qui ont remis en avant le rôle de la déesse mère, peut-être parce que cet aspect avait continué à vivre en Orient mais pas en Grèce et dans le monde méditerranéen occidental.

Vénération

Des temples et des festivités existaient pour Hécate. Par exemple, les habitants de la Carie Stratonicea avaient un festival annuel, l'Hecatesia. Au moins à Athènes, les habitants aisés déposaient des assiettes de nourriture à la déesse aux carrefours dès que la nouvelle lune était là. Un temple, l'Epipyrgídia, se dressait sur l'Acropole athénienne près du temple de Nikè. Comme Hécate régnait sur les zones frontalières telles que les seuils, les portes et les intersections, des statues d'elle étaient placées dans toute la ville à l'extérieur des maisons ou aux intersections. Ces statues étaient utilisées localement comme oracles. Comme sacrifices à Hécate, les gens utilisaient principalement des chiens, des agneaux femelles noirs et du miel. Les chiens faisaient également partie des rites de purification. Les gens avaient l'habitude de la prier avant de voyager. Les lieux de culte importants étaient la Béotie, l'île d'Égine depuis au moins le Ve siècle avant J.-C., mais aussi Samothrace, où le culte se confondait avec les mystères locaux. Le fait que Hécate était associée à Artémis est démontré par le fait que le temple d'Artémis d'Ephèse contenait également une statue d'Hécate.

De nos jours, Hécate est toujours vénérée par certains groupes païens, dont certaines cours de Wicca. Elle est considérée comme la Crone, l'ancienne manifestation sage de la triple déesse. Parce qu'elle est considérée comme la déesse de la sorcellerie et de la lune, elle est une déesse très importante au sein de la wicca. Elle est identifiée à la Cailagh, qui est vénérée comme une déesse dans le néodruidisme.

Mythologie

En tant que déesse, Hécate avait un rôle mineur dans la mythologie grecque. Apollodorus lui donne un rôle dans la Gigantomachie, mais elle n'est pas mentionnée dans les versions antérieures de cette histoire. De plus, il n'y a que quelques histoires mineures pour expliquer, par exemple, l'un de ses noms, comme *Angelos*. Cela suggère qu'au départ, elle n'avait pas le rôle et la réputation qu'elle avait à l'époque hellénistique. Il est possible qu'elle soit devenue plus célèbre grâce à son association avec Artémis et Déméter.

La généalogie de la déesse chthonienne n'était pas claire dans l'Antiquité. Hésiode, la source la plus ancienne mentionnant Hécate, l'appelle la fille du Titan Persès et d'Astéria, et mentionne qu'elle n'avait ni frère ni sœur. Bacchylides, cependant, a déclaré qu'elle descendait de Nyx ("Nuit"), tandis que Musaeus a donné Zeus et Astéria comme ses parents. Dans d'autres récits, elle est la fille d'Admète et d'une Phénicienne, et une proche parente d'Aeëtes et de Circé de Colchide.

Iconographie

Hécate a été décrite avec divers attributs. Sur terre, elle pourrait apparaître avec deux chiens hurlants et stygiens annonçant son arrivée. Elle avait des torches autour d'elle, et dans ses cheveux elle portait des branches de chêne et des serpents. Son corps est parfois représenté avec trois têtes, ou avec trois parties du corps : partie cheval, partie chien, et partie lion ou sanglier.

Minos

Dans la mythologie grecque, **Minos** (grec ancien : Μίνως) était le roi de Crète. La civilisation minoenne porte son nom. On ignore si ce roi a réellement existé, ou si ses récits étaient basés sur plusieurs rois, par exemple. Ainsi, il est également possible que le mot Minos soit un mot "crétois ancien" pour roi.

Selon les mythes, Minos était le fils de Zeus et d'Europe. Il aurait épousé Pasiphaë et serait le père d'Ariane, d'Androgeus, de Deukalion, de Phaedra, de Glaukos et de Katreus, entre autres. Il est devenu roi de Crète à la mort du roi Astérion. Minos exile ses frères Rhadamanthys et Sarpédon, qui prétendent également au trône. Minos vivait dans le palais de Knossos. Il a fait construire un labyrinthe dans lequel le Minotaure était piégé.

Après sa mort, Minos a été désigné comme l'un des trois juges des enfers à Hadès, jugeant les âmes entrantes et leur attribuant leur place dans les enfers. Dans ce rôle, il apparaît également dans la Divine Comédie de Dante.

Perséphone

Les Romains appelaient Perséphone Proserpina.

Perséphone (grec ancien : Περσεφόνεια, *Persephoneia* (surtout chez Homère) ou Περσεφόνη, *Persephonè* ; latin : *Proserpina*) (prononciation : " pèrseefoonee ") est, dans la mythologie grecque, la déesse du royaume des morts et du printemps. Elle était la fille de Déméter, la déesse de l'agriculture et des céréales, et du dieu suprême Zeus. Les variantes romaines de Déméter et Zeus sont Cérès et Jupiter.

Déméter et Perséphone

Déméter aimait tendrement sa fille et veillait sur elle comme une mère poule. Pourtant, Perséphone a été enlevée alors qu'elle cueillait des fleurs dans le champ. Hadès, le dieu des enfers et maître des morts, émerge d'un gouffre dans le giron de la terre à dos de cheval et la fait monter sur son char. Perséphone a crié à l'aide, mais en vain : elle a disparu avec lui dans les ténèbres.

Déméter a plongé dans un profond chagrin. Après avoir longtemps cherché sur terre, elle se rendit aussi dans les constellations, où elle demanda à Hélios si elle n'avait pas vu sa fille. Cette dernière répond
130

qu'Hélios a tout vu, puis donne elle-même la réponse : Perséphone est aux enfers, avec Hadès. Déméter était complètement impuissante et, dans son chagrin, elle a fait régner un hiver stérile sur la terre et de nombreuses personnes ont souffert de la famine.

Lorsque les choses se sont aggravées, Zeus a ordonné à son frère Hadès de rendre Perséphone à sa mère. Hadès accepta, mais Perséphone devait manger un dernier souper et là, elle mangea six graines de grenade. Une fois qu'on a mangé quelque chose dans le royaume des morts, on ne peut plus revenir en arrière. Pour chaque graine qu'elle avait mangée, Perséphone devait retourner auprès de lui pendant un mois. Ainsi, chaque année, elle se trouvait auprès de sa mère pendant le printemps et une partie de l'été, la saison de la croissance et de la floraison, puis elle retournait aux enfers, chez Hadès. Ainsi, avec Perséphone, le printemps arrivait sur terre chaque année, et les gens parlaient de l'Anodos de Perséphone. Le mythe de Déméter, Hadès et Perséphone peut donc être considéré comme l'explication grecque de l'origine et de la continuité des saisons.

Vénération

Dans les mystères d'Éleusis, Perséphone était vénérée sous le surnom de Κόρη (Korè (bet. " fille ")) aux côtés de Déméter. Les deux déesses formaient une sorte d'unité où Déméter était la terre cultivée, et Korè, le grain qui tombe dans la terre, meurt et fait naître une nouvelle vie.

Les Romains la vénéraient sous le nom de Proserpina. Elle y était également assimilée à la déesse Libera.

Gigantes et autres " géants

Cyclopes

Une tribu de géants borgnes mangeurs d'hommes.

Le **cyclope**, ou moins communément **kykloop**, (grec ancien : κύκλωψ - " œil rond ", de : κύκλος - " cercle " et ὤψ - " œil ") est un personnage de la mythologie grecque. Les cyclopes sont des géants féroces qui n'ont qu'un seul œil. Ils vivaient ensemble sur les pentes du volcan Etna en Sicile, loin du monde civilisé. On dit que les cyclopes vivaient de l'agriculture et de l'élevage et possédaient de nombreux moutons. Selon Homère, ils mangeaient aussi les enfants.

Les premiers cyclopes, nommés Steropes, Brontes et Arges, sont, selon la mythologie, les enfants de Gaia et Ouranos. Ils sont les assistants du dieu de la forge Hephaistos. C'est à eux que Zeus doit sa foudre, Poséidon son trident et Hadès son casque d'invisibilité (hades cap).

En Grèce, dans le Péloponnèse, entre autres autour de Mycènes - la ville du roi Agamemnon et d'Eurystheus, pour qui Héraclès a dû effectuer des travaux - il y avait d'énormes murs. Ils servaient de murs de ville et étaient constitués de grands blocs de pierre argileuse. Ces murs étaient si grands et imposants que les Grecs pensaient qu'ils n'avaient pas été construits par des humains mais par les Cyclopes. C'est pourquoi nous les appelons "murs cyclopéens" (voir "... Cyclopea saxa", Aen. I, v.201, Verg.).

Le cyclope Polyphème

133

Dans l'*Odyssée* d'Homère, le héros Ulysse, lors d'une de ses pérégrinations, se retrouve sur l'île des cyclopes. Il est capturé avec 12 de ses hommes dans la grotte du cyclope Polyphème, un fils de Poséidon. Polyphème aime autre chose qu'un gigot de mouton. Tous les soirs et tous les matins, Polyphème mange deux des hommes d'Ulysse ; alors Ulysse imagine une ruse.

Ulysse fait boire le géant et, lorsque le cyclope lui demande comment il s'appelle, il répond "Personne". Lorsque Polyphème s'endort, étourdi par le vin et la nourriture, les hommes poignardent l'œil de Polyphème avec un pieu pointu et brûlant.

Furieux de douleur, le cyclope se réveille. Il appelle les autres cyclopes à l'aide. Ils s'approchent du raquetteur et lui demandent ce qui se passe. Polyphème répond : "Personne ne m'a crevé l'oeil et personne ne s'est échappé. Je suis en colère contre personne ! Les cyclopes pensent que Polyphème est devenu fou et se rendorment. Le lendemain matin, Polyphème ne trouve pas les hommes au toucher parmi les moutons. Il se tient à l'entrée de la grotte, sachant que ses moutons vont paître. Pour s'échapper quand même, Ulysse attache ses hommes à des moutons. Il est le seul à ne pas pouvoir s'attacher, mais il s'accroche aux cheveux du plus grand bélier. Lorsque les moutons quittent la grotte au matin, Polyphème parle à son bélier préféré, sans savoir qu'Ulysse s'accroche sous son ventre. Ulysse et ses hommes parviennent ainsi à s'échapper et volent également le mouton gras du géant.

Lorsque Polyphème s'aperçoit ensuite que les hommes ne sont plus dans la grotte, il entre dans une colère noire.

Alors que les hommes s'éloignent, Ulysse appelle le géant. Le Polyphème enragé jette une pierre sur le navire. Même dans ce cas, Ulysse ne se tait pas et prononce son vrai nom. Un deuxième rocher, qui atterrit derrière le navire, lui donne une grande vitesse, loin de l'île. Polyphème blessé prie son père Poséidon de le venger. Poséidon va contrarier Ulysse partout où il le peut pendant le reste de son long voyage.

Origine du mythe

Une théorie veut que les Grecs aient trouvé des crânes d'éléphants et les aient pris pour des crânes de géants avec un grand œil sur le front. Cette théorie a été mentionnée pour la première fois par Othenio Abel en 1914. Ce n'est donc pas un hasard si la légende des Cyclopes est associée à la Sicile. C'est là que vivait l'éléphant nain de Sicile pendant la dernière période glaciaire, le Pléistocène. Les crânes d'éléphants n'ont pas d'orbites clairement reconnaissables. Cependant, ils possèdent une grande cavité nasale à l'emplacement du tronc.

Adrienne Mayor l'étaye ainsi dans son livre *The First Fossil Hunters : Paleontology in Greek and Roman Times* : Les Grecs ont trouvé ces ossements anciens et les ont conservés dans leurs temples. Ils ont essayé de reconstituer l'apparence des créatures préhistoriques et ont cherché des explications à leur disparition. Pour ces derniers, ils se sont surtout appuyés sur leur imagination, ce qui a donné lieu à des récits mythiques de bêtes fabuleuses comme le cyclope.

Typhon

Un monstrueux géant serpentin et l'une des créatures les plus mortelles de la mythologie grecque.

Des auteurs ultérieurs ont identifié Typhon avec le dieu égyptien Seth.

Typhon ou **Typhée** (grec ancien Τυφάων / Typháôn ou Τυφωεύς / Typhôeús, de τῦφος / tÿphos, " celui qui brûle ") était un géant, qui fut enterré en Cilicie, au pays des Arimoi, sous la terre, que Zeus avait jetée sur lui. Il était le plus jeune fils de Gaia, engendré par Tartaros après que les Titans aient été renversés par Zeus. Il a une centaine de têtes de dragons crachant du feu, avec des yeux scintillants et des voix terrifiantes. Il est d'une taille étonnante, si bien qu'il s'étend d'est en ouest, la tête vers les étoiles et les mains tendues. Son but est de dominer les dieux et les hommes, mais Zeus le vainc après une terrible bataille.

Par Echidna, raconte encore le mythe, il fut le père de nombreux monstres hideux, comme les Chimaira, le chien Orthros, les dragons qui gardaient les pommes d'or des Hespérides et la Toison d'or en Colchide... du Sphinx, de Cerbère, qui gardait l'entrée des enfers, des Gorgones, de

Scylla, du serpent de Lerne, du lion de Némée et de l'aigle Ethon, qui rongea le foie de Prométhée. On dit aussi que tous les vents de tempête pernicieux ont jailli de lui. Sa demeure était située dans diverses régions, qui excellaient par leur nature volcanique.

Lorsque Typhon et Echidna ont tenté d'attaquer l'Olympe, Zeus l'a enfermé sous l'Etna pour le punir. Sa femme et ses enfants ont conservé leur liberté pour servir de défi à des héros comme Héraclès.

Selon des sagas ultérieures, les dieux n'ont pas pu résister à son attaque. Ils ont fui en Égypte et se sont en partie cachés là-bas, en partie transformés en animaux. Seul Zeus osa s'engager dans un duel avec *Typhoeus* et tenta de le combattre avec sa foudre et avec un harpon, mais Zeus aussi fut vaincu.

Il existe une relation étroite entre ce mythe et le mythe hittite du dieu de l'orage Teshub combattant le dragon Illuyankas. Les représentations dans l'art grec montrent également une parenté avec la représentation hittite de cette bataille, qui a été trouvée à Malatya, en Turquie.

Identification aux divinités égyptiennes

Typhon était identifié à Tabh ou Seth dans l'interprétation grecque des dieux égyptiens.

Déités rustiques

Aristaeus

Dieu mineur, protecteur, et créateur de divers arts | Mortel défié

Aristaios (grec ancien : Ἀρισταῖος) ou **Aristaeus** (latin) est un personnage de la mythologie grecque. Aristaios est un satyre, fils d'Apollon et de la nymphe Kyrène.

Son interprétation la plus célèbre est peut-être celle du mythe d'Orphée, dans lequel il traque et poursuit la plus belle des nymphes des eaux, Eurydice, avec pour résultat que dans sa fuite, elle marche sur un serpent qui lui inflige une morsure mortelle. À ce moment-là, les autres nymphes se vengent. Ils punissent Aristaios, qui était apiculteur, en tuant toutes ses abeilles. Aristaios ne pouvait pas expliquer pourquoi ses abeilles étaient soudainement mortes, et sa mère lui a suggéré de consulter Proteus. Aristaios y apprend qu'il s'agit d'une punition pour sa tentative d'agression sur la nymphe Eurydice. Comme pénitence, il devra sacrifier quatre vaches, quatre taureaux, un veau et des fleurs aux crinières d'Eurydice. Neuf jours après le sacrifice, de nouveaux essaims d'abeilles se sont développés à partir des carcasses de ces bovins.

Pan

Les dieux romains Faunus et Silvanus partagent de nombreux attributs de Pan et pourraient avoir évolué à partir de lui. Certaines représentations chrétiennes du diable présentent une ressemblance frappante avec Pan.

Pan (grec ancien : Πάν) ou **Faunus** (latin) est un personnage de la mythologie grecque. Il est le fils d'Hermès et de la nymphe Pénélope. Pan est le dieu de la nature sauvage et le patron des bergers, de leur bétail et de leur instinct animal. Pan a le bas du corps et les cornes d'une chèvre, mais le haut du corps est humain. Il a également un visage long et étroit, un grand nez et des yeux jaunes.

La flûte de pan porte son nom. Il l'a eu quand il a chassé la nymphe Syrinx. Elle tient à rester vierge et prie les dieux tout en sentant déjà le souffle de Pan sur son cou. Sa prière a été exaucée et elle s'est transformée en roseau juste à temps. Pan en a fait sa flûte.

Pan provoquait de nombreux sons mystérieux dans les forêts, dont les bergers et leurs troupeaux avaient peur, de même pour les personnes vivant dans des endroits reculés. C'est l'explication du mot panique. Une peur panique est une frayeur soudaine, générale mais non fondée. Pour cette raison, il était préférable de rester amical. Le préfixe *pan-* (tout) est également dérivé de Pan, car il était considéré comme la personnification de la nature. Depuis le Moyen Âge, son apparence a été adoptée pour représenter le diable.

Dans l'image, Pan est associé à Eros et Aphrodite en raison de sa sensualité. Cependant, pour autant que nous le sachions, Pan n'a jamais eu affaire à Aphrodite ou à Eros. Il était le fils d'Hermès et s'entendait bien avec Dionysos. Apollo était son rival musical. L'histoire du roi Midas, qui relate la compétition entre Pan et Apollon, est particulièrement connue.

Tout a commencé avec le satyre Marsyas, qui a trouvé une flûte que Pallas Athéna avait fabriquée puis jetée, car elle trouvait que ses joues devenaient trop gonflées lorsqu'elle soufflait dessus. Marsyas s'exerçait à la flûte et à un moment donné, il a défié Apollon. Apollo a accepté le défi et a vaincu Marsyas. Pour le punir, Apollo l'écorcherait vif. Pan n'a pas supporté qu'un de ses sujets connaisse une telle fin, et il a défié le second Apollo. Presque tout le monde pensait qu'Apollo jouait de nouveau mieux. Pan aurait subi le même sort que Marsyas si Dionysos et le roi Midas n'avaient pas préféré sa musique à celle d'Apollon. Apollon s'est mis tellement en colère qu'il a donné au roi Midas des oreilles d'âne à cause de son mauvais goût insensé. On ne sait pas quelle était la relation entre Pan et les autres dieux de l'Olympe.

À l'époque de l'empereur Tibère, un batelier nommé Thamus, naviguant près de l'île de Paxi, entendit une voix venue de nulle part lui annoncer que le grand dieu Pan était mort. Thamus a dû raconter cela aux habitants de Palodes, aujourd'hui Butrint en Albanie. Quand il est arrivé près de Palodes, il a crié sur le rivage : "Le grand dieu Pan est mort !" Des lamentations ont résonné dans de nombreuses gorges depuis le rivage et les marins horrifiés ont raconté l'histoire dans tout le monde antique. Plutarque l'a consigné un siècle plus tard dans son livre *De Defectu Oraculorum*, sur le silence des oracles. Pan est le seul dieu dont il est mentionné qu'il était mort. Il a péri dans la bataille entre les Titans et les dieux de l'Olympe. L'ancien dieu de la nature Faunus de la mythologie romaine a ensuite été assimilé à Pan.

Divinités agricoles

Adonis

Le dieu du renouveau permanent, de la fertilité, de la beauté et du désir.

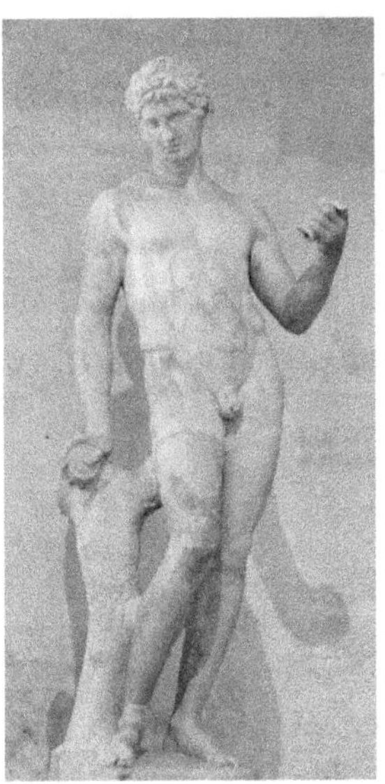

Adonis (grec ancien : Ἄδωνις) est un personnage de la mythologie grecque et phénicienne. Le nom de cette divinité vient simplement du phénicien *Adon*, qui signifie "seigneur". Comme l'Adon phénicien, Adonis désigne l'amant de la déesse, un dieu qui meurt et ressuscite chaque année. Adonis était l'amant d'Aphrodite ou de Vénus.

Babylone

Chez les Babyloniens, Tammuz était le fils-amant d'Ishtar. Il était sacrifié chaque année sous l'apparence d'un agneau innocent.

Adonis vient du phénicien *Adon*, qui, comme Baal, signifie "seigneur". C'était en fait le titre d'adresse du dieu babylonien Tammuz. Il était vénéré notamment à Byblos par les Cananéens. Son culte a également été transféré à Chypre par les colons phéniciens, où sa mort et sa renaissance annuelles ont été intégrées au culte autour d'Aphrodite.

Pleurer sa mort était l'objet de ce culte, pratiqué depuis longtemps dans de nombreux endroits du Moyen-Orient. Cela est également mentionné dans la Bible, à la grande horreur du prophète Ezéchiel (8.14-15). La mort du "*Tammuz*" a été pleurée par certains Israélites - en particulier les femmes - jusqu'au temple de Jérusalem, chaque année jusqu'en 720 avant Jésus-Christ.

Un centre important dans le culte d'Adonis était Bethléem. Saint Jérôme mentionne qu'à cet endroit, Tammuz (Adonis), l'amant de Vénus (Aphrodite ou Astarté) était vénéré dans un bosquet sacré près d'une grotte, où sa mort était pleurée chaque année.

Selon la légende, il a été élevé comme un berger, mais était en fait le fils de la déesse. Il était si beau lorsqu'il était bébé que la déesse des enfers n'a pas voulu le rendre lorsqu'il a été placé dans une boîte en bois avec elle pour le mettre en sécurité.Cela n'a pas fonctionné, mais lorsque Tammuz est devenu un jeune homme, il a été empalé sur un arbre par un sanglier alors qu'il chassait.

En pleurs, son amante, Inanna, une jeune incarnation de la déesse, s'est inclinée sur le corps. Elle ne s'est pas soumise et est descendue dans les enfers pour récupérer l'âme du garçon. Là, elle a dû se battre contre Eresjkigal, sa sœur, mais aussi contre le côté sombre d'elle-même. Elle a obtenu ce qu'elle voulait, en partie parce que chaque année, Tammuz devait aussi revenir.

Phénicie

En Phénicie (Syrie) et en Palestine, Adonis/Tammuz était vénéré comme le dieu du grain, qui meurt sous la meule pour être cuit en pain. Ainsi, à Bethléem (littéralement "maison du pain"), Adonis/Tammuz était vénéré comme le dieu du pain. En raison de sa beauté juvénile, Adonis était un symbole du printemps et de la nature florissante.

La mythologie grecque

Selon la mythologie grecque, Adonis est né dans l'actuel Liban de l'amour incestueux de la princesse Myrrha et de son père, Cinyras. Lorsque Cinyras découvrit qu'il avait couché avec sa fille, il voulut la tuer, mais les dieux la transformèrent en arbre à myrrhe. Après neuf mois, l'arbre a donné naissance à un beau petit garçon, Adonis. Les déesses Perséphone et Aphrodite (elle était amoureuse de lui) l'ont élevé.

Adonis était un chasseur intrépide, agissant souvent de manière imprudente lorsqu'il chassait un gibier dangereux. Cela a causé beaucoup de troubles à Aphrodite, qui craignait que quelque chose ne lui arrive.

144

En vain, elle le supplie de quitter désormais la chasse et de rester avec elle, où rien ne peut lui arriver. Mais Adonis réussit à échapper à ses rires et continue à rechercher la compagnie des autres hommes qui partent à la chasse afin de pouvoir continuer à s'adonner à son passe-temps favori.

Un jour, Adonis poursuivait un sanglier, une poursuite qui lui procurait un grand plaisir. Mais lorsqu'il a finalement attaqué l'animal, celui-ci s'est soudain retourné furieusement et a transpercé de sa redoutable défense la cuisse non protégée d'Adonis. Il a tout de même essayé de s'enfuir, mais sa jambe a refusé de coopérer et le sanglier a ainsi eu la possibilité de le frapper à mort.

Immédiatement, Aphrodite se rendit à l'endroit où son chéri avait connu une fin si tragique. Elle s'est précipitée à travers les sous-bois et les buissons d'épines, se déchirant la peau sur les branches et les épines acérées. Son sang colorait les roses blanches qu'elle croisait d'une teinte rouge terne. Lorsqu'elle arrive sur les lieux, Adonis est déjà mort et raidi, et ses caresses passionnées ne sont plus réciproques. Aphrodite éclate alors en un tel flot de larmes que les nymphes de la forêt et des eaux, les dieux et les hommes et même la nature se joignent à elle et pleurent avec elle le jeune homme bien-aimé.

Enfin, à contrecœur, Hadès arrive auprès de la triste foule pour emmener l'âme du défunt aux enfers, où il sera accueilli par Perséphone, la déesse des enfers. Elle l'emmènerait à l'endroit où les mortels bons et vertueux vivent dans la félicité pour l'éternité, appelé l'Elysium. Aphrodite était toujours inconsolable et pleurait beaucoup, beaucoup de larmes. Dès que les larmes touchèrent le sol, elles se transformèrent en anémones et les gouttes de sang qui avaient coulé de la cuisse d'Adonis et étaient tombées sur le sol devinrent de magnifiques roses rouges.

Aphrodite reste cependant si intensément triste qu'à un moment donné, elle ne peut plus le supporter. Elle se rendit à l'Olympe, où elle se prosterna aux pieds de Zeus et le supplia de libérer Adonis de l'étreinte de la mort, ou de lui permettre de partager son sort dans les enfers.

Il était impossible de permettre à la déesse de la beauté de quitter la terre et de se rendre aux enfers, mais Zeus ne pouvait pas non plus supporter de l'entendre plaider ainsi. Il décida donc qu'Adonis serait rappelé des enfers pour qu'Aphrodite puisse l'avoir à nouveau auprès d'elle. Mais Hadès avait le contrôle sur Adonis, car les enfers étaient son royaume et il refusait de le laisser partir. Après une longue discussion entre Zeus et Hadès, un accord a été trouvé. Adonis était autorisé à passer la moitié de l'année sur terre et devait retourner à Elysium pour l'autre moitié.

Au début du printemps, Adonis a quitté les enfers et s'est rendu aussi vite que possible auprès de sa bien-aimée Aphrodite. Partout où il posait ses pas, des fleurs poussaient et les oiseaux se mettaient à gazouiller pour montrer combien ils étaient heureux de son arrivée. C'est ainsi qu'Adonis est devenu le symbole de la végétation, sortant du sol à chaque printemps, couvrant la terre de belles feuilles et de fleurs et faisant gazouiller les oiseaux. En automne, Adonis retournait à contrecœur aux enfers, car alors le cruel sanglier de l'hiver revenait pour le transpercer de sa défense et flétrir la nature. Et chaque année en automne, la nature pleurait son départ.

Symbolisme

L'histoire d'Adonis appartient à la tradition des offrandes de paix, similaire à l'histoire de Pâques.

De nos jours, adonis désigne un beau garçon ou un bel homme musclé, comme on le voit, par exemple, sur les statues grecques de l'époque des premiers Jeux olympiques.

Dans les Métamorphoses d'Ovide, Adonis est tué par un sanglier à la chasse, après quoi il se transforme en anémone. Cette fleur n'offre qu'une joie passagère, car son poids léger la rend fragile et vulnérable et elle est souvent brisée par le vent.

Chaque année, au début du printemps, en Orient et à Rome, on célébrait la fête d'Adonis ; selon Ovide, parce que Vénus voulait que sa mort soit revécue et exhibée, après ses lamentations.

Déités de la santé

Esculape (Asclépios)

Asklepios (grec ancien : Ασκληπιός, *Asklepios* ; latin : *Esculape* ; néerlandais *Asclépios*) est le dieu de la médecine et de la guérison dans la mythologie grecque.

Contexte

Il était le fils d'Apollon et de Coronis. Cependant, la Coronis enceinte est tombée amoureuse du mortel Ischys. Apollon a tué son amant infidèle et (selon Ovide) a transformé le corbeau blanc qui lui avait annoncé la nouvelle en un corbeau noir. Il a extrait l'enfant du corps de la mère morte et Asklepios est venu au monde à Epidaure. Asklepios fut confié par Apollon au sage centaure Chiron, qui lui enseigna la médecine. Cependant, Asklepios s'est révélé si doué qu'il était capable de ramener les morts à la vie, une capacité qu'il aurait utilisée à plusieurs reprises (notamment sur le fils de Thésée, Hippolyte). Zeus, cependant, a estimé que ressusciter les morts était une violation de l'ordre et il a tué Asklepios avec sa foudre. Apollon, cependant, se vengea en tuant les Cyclopes (les fabricants des éclairs de Zeus). Apollon a été puni et a dû passer un an au service d'un mortel, Admète, mais il a réussi car Zeus a rappelé Asklepios à la vie.

Chez Homère, il n'est pas encore un dieu, mais un médecin compétent ; ce n'est qu'à partir du Ve siècle avant J.-C. qu'il est vénéré comme le dieu de la médecine.

Les trois filles d'Asklepios étaient Hygieia (déesse de la santé), Achelois (déesse de la lune et du soulagement de la douleur) et Panacée (déesse des médicaments). Il aurait également eu deux fils, les habiles médecins Podalirius et Machaon (mentionnés par Homère dans l'Iliade). Le célèbre médecin Hippokrates est également considéré comme un descendant d'Asklepios.

Ce qui est exactement la vérité est incertain. La question de savoir si Asklepios a réellement travaillé à Epidaure relève de la tradition. Epidaure avait certainement une station thermale et probablement l'un des premiers hôpitaux organisés connus. La légende veut que les gens se rendaient à Epidaure lorsqu'ils étaient malades. Lorsqu'on voyait un serpent en rêve, on était guéri (voir aussi le culte d'Asklepios à Epidaure). Ainsi, Asklepios est généralement représenté avec un bâton autour duquel s'enroule un serpent, le bâton d'Asklepios ou esculape. Il a été le symbole des médecins pendant des siècles. Ce symbole est également utilisé pour les pharmaciens, avec un bol au sommet du bâton d'asklepios, dans lequel le serpent est nourri. Ce bol est le symbole d'Hygieia, la déesse de la santé et fille d'Asklepios.

Vénération

Le sanctuaire d'Asklepios se caractérise par un temple sous lequel était construit un labyrinthe dans lequel on gardait des serpents.

Plusieurs endroits en Grèce ont des vestiges de sanctuaires dédiés à Asklepios, comme l'Asklepieion sur l'île grecque de Kos, ainsi qu'à Epidaure et Trikala, et à Pergame (Asie Mineure).

Autres divinités

Charites (Les Grâces)

Déesses de la fertilité, du charme et de la beauté

Les (trois) **Grâces** (latin : *Gratiae*), **Charites** (grec : *Charites*) ou la **trinité des Parures**, étaient trois sœurs de la mythologie grecque et romaine.

Selon la mythologie grecque, elles étaient les filles de Zeus et d'Eurynome, mais dans certains récits, elles sont aussi la progéniture de Dionysos et d'Aphrodite (Vénus), ou d'Hélios et de la naïade Aegle. Selon la mythologie romaine, elles étaient les filles de Bacchus et de Vénus.

Les Grâces sont :

- Aglaé, elle représente la beauté et la brillance.
- Euphrosyne, elle représente la joie.
- Thalia (ou Cleta), elle représente le bonheur (florissant).

Peitho (selon les Romains, Suada) est parfois nommé en quatrième position. Ensemble, ils représentent la fertilité, la créativité et le charme.

Les Grâces étaient souvent associées aux neuf muses. Le fleuve Céphisse, près de Delphes, leur était dédié.

Les grâces dans l'art

Les Grâces inspirent le talent et la créativité des hommes et sont elles-mêmes un sujet de prédilection dans l'art. Ils sont généralement représentés tous les trois, face à face, les bras sur les épaules de l'autre. Ils sont également souvent représentés dans les Champs Elysées, le monde souterrain céleste des Grecs.

Mortels

Défier les mortels

Achilles

Achille (latin) ou **Achilleus** (grec ancien : Ἀχιλλεύς, *Akhilleús*) est un personnage de la mythologie grecque. Il est le principal héros de la guerre de Troie et le personnage principal du livre d'Homère, l'*Iliade*. Homère décrit le héros comme le plus propre, le plus courageux, le plus fort et le plus élevé de tous les héros. Des légendes ultérieures (Statius) décrivent qu'Achille n'était vulnérable qu'au niveau du talon. C'est alors qu'il est mort, tué par une flèche empoisonnée qui l'a atteint au talon. L'expression "talon d'Achille" remonte à cette histoire.

Achille était le fils de Pélée, le roi des Myrmidons en Thessalie grecque, et de la Néréide Thétis, la fille de Nérée, le petit-fils d'Aiakos (Aeacus) et donc un descendant de Zeus. Il est souvent appelé "Peleide" ou "Aiakide", *épithètes* rappelant la descente d'Achille aux pieds rapides. Avec Deidameia, fille du roi Lykomedes de Skyros, il eut un fils, Neoptolemos, lui aussi héros éminent de la guerre de Troie.

La vie

Il était le plus courageux, le plus propre, le plus fort et le plus élevé de tous les héros grecs partis à Troie, et le plus grand personnage de l'*Iliade* d'Homère, qui dans ce poème épique a chanté les louanges de ses exploits, sans toutefois rien raconter de sa vie avant la marche. Cette vie, selon les auteurs ultérieurs, a été très riche en événements miraculeux. Il a également tué de nombreuses personnes, notamment lors de la guerre contre Troie. Au cœur du mythe d'Achille se trouve sa relation avec Patroclus, décrite dans diverses sources comme une amitié ou un amour profond. Il a été tué dans la bataille contre Troie.

Caractère

Achille est un personnage complexe. Il apparaît dans l'*Iliade* comme un héros idéal, jeune, beau, courageux et combatif, doté de forts traits émotionnels. Par exemple, il a une forte haine pour ses ennemis et un grand amour pour ses amis, il est facilement ému aux larmes et agit avec précipitation. Achille prend des décisions à partir des émotions qu'il ressent. Au fil des ans, l'accent a été mis de plus en plus sur cet aspect émotionnel. Il a par la suite été considéré comme l'antithèse du stoa, où l'accent est mis sur la raison plutôt que sur le sentiment. Ulysse est un bon exemple de cette philosophie, agissant selon sa raison.

Ce qui est remarquable chez Achille, c'est que malgré ses expressions extrêmes, il possède une perspicacité et une connaissance de soi. Contrairement à Hektor, il sait déjà qu'il va mourir. Dans son discours (Iliade IX, 308-429), il doute de son devoir de héros et envisage de rentrer chez lui. Il préfère vivre une vie tranquille à la maison plutôt que de gagner les honneurs dans la guerre de Troie. Réalisant sa mortalité (son bien-aimé Patrocle est mort et lui-même va mourir), il achève ses ennemis de sang-froid et sans pitié (Iliade XXI, 34-135).

Naissance et enfance

Avant leur mariage, Zeus et Poséidon s'étaient également disputés la main de la nymphe des mers Thétis, jusqu'à ce que Prométhée informe Zeus d'une prophétie : Thétis donnerait naissance à un fils qui surpasserait son père. Par conséquent, les deux dieux se sont retirés en tant que prétendants et lui ont permis d'épouser Pélée. Comme pour la plupart des mythes, il existe également une version alternative de cette histoire : dans l'*Argonautique* (IV 760), Héra fait allusion au rejet chaste des avances de Zeus par Thétis, qui aurait donc été fidèle au lien matrimonial d'Héra.

Selon Statius dans son *Achilleis*, la seule source connue pour cette version, la mère d'Achille l'a immergé dans la fontaine du Styx (rivière de l'Hadès, les enfers) immédiatement après sa naissance, pour le rendre invulnérable. Ce faisant, Achille n'est resté vulnérable qu'au niveau de son talon, l'endroit où sa mère l'avait tenu pendant l'immersion. Selon un mythe plus ancien, Thétis l'a enduit d'ambroisie et l'a ensuite tenu au-dessus d'un feu magique pour brûler la partie mortelle. Lorsqu'elle a été interrompue en cela par son mari, elle l'a laissé avec son enfant dans sa colère.

Néanmoins, aucune des sources de Statius ne dit quoi que ce soit sur cette invulnérabilité. Homère raconte même dans son *Iliade* comment Achille a été blessé : le *héros* paéonien Astéropée, fils de Pélégon, a défié Achille au bord de la rivière Skamandre. Il lance simultanément deux lances, dont l'une frôle le coude d'Achille, "dessinant une traînée de sang".

Même dans les poèmes fragmentaires du *Cycle épique* qui contiennent une description de sa mort, comme le *Cypria* (auteur inconnu), l'*Æthiopis* d'Arctinus de Milet, l'*Iliade Mikrà* de Lesche de Mytilène et l'*Iliou pèrsis* d'Arctinus de Milet, il n'y a aucune référence à son invulnérabilité ou à son fameux talon d'Achille. Dans les peintures de vases plus tardives représentant la mort d'Achille, la flèche (ou, dans de nombreux cas, les flèches) frappe son corps.

Son père lui donna pour précepteur Phoinix, le fils d'Amyntor, qui lui enseigna la lutte, la marche, l'équitation et le jeu de la cithare. Il a reçu les chevaux Xanthus et Balius, qui avaient été offerts à son père en cadeau de mariage. En outre, le Centaure Cheiron lui a enseigné la chirurgie sur le mont Pélion.

Guerre contre Troie

Il part pour Troie dans cinquante navires, accompagné de son précepteur Phoinix et de son ami Patrocle. Achille a dû choisir entre une vie longue et paisible mais peu glorieuse et une mort précoce mais célèbre. À la grande tristesse de sa mère, il choisit la seconde solution. Au cours des premières années de la guerre de Troie, il a détruit 12 villes sur la côte et 11 dans l'intérieur du pays, et tant qu'il a combattu dans les rangs des Grecs, ceux-ci ont toujours gardé le dessus sur les Troyens. Dans tous les dangers, il était sous la protection spéciale de Pallas Athéna et d'Héra.

Lorsque les Grecs exportaient pour la guerre contre Troie, ils ont accosté par hasard à Mysia, où régnait le roi Telephos. Dans la bataille qui s'engage alors, Achille inflige à Telephos une blessure qui ne guérit pas. Telephos a demandé l'avis d'un oracle, qui a déclaré que "celui qui a blessé guérira".

Selon d'autres récits de la pièce perdue d'Euripide sur Telephos, celui-ci se rendit à Aulis déguisé en mendiant et y demanda à Achille de guérir sa blessure. Achille a refusé, prétendant ne pas avoir de connaissances médicales. Sur ce, Télephos retient Oreste en otage, pour la libération duquel il exige qu'Achille l'aide à soigner sa blessure. Ulysse raisonne alors que c'est la lance qui a infligé la blessure et que, par conséquent, la lance devrait également être capable de les guérir. Des morceaux de la lance ont été retirés de la blessure et Telephos a guéri.

Selon Plutarque et le savant byzantin Ioannes Tzetzes, dès que les navires grecs sont arrivés à Troie, Achille a combattu et tué Cycnus de Colonae, un fils de Poséidon, qui était invulnérable en dehors de sa tête.

Selon le *De excidio Troiae historia* ("Récit de la destruction de Troie") de Dares Phrygius, le résumé latin qui a transmis l'histoire d'Achille à l'Europe médiévale, Achille a vu Troïlos, le plus jeune fils de Priamos et Hekabe (certains disent qu'Apollon était son père), alors qu'il buvait ses chevaux à l'extérieur des murs de Troie, à la fontaine des lions. Achille est séduit par la beauté de Troïlus, décrite par Ibycus comme "de l'or trois fois raffiné". Troilus rejette les avances d'Achille et se réfugie dans le temple d'Apollon. Achille poursuit alors Troïlus dans le sanctuaire et le décapite sur l'autel du dieu lui-même. À cette époque, Troilus aurait eu un an de moins que vingt ans, l'âge que Troilus devait atteindre pour que Troie devienne invincible, selon la légende.

L'affaire Briseys

À Lyrnessos, l'une des villes qu'il a conquises, Achille a capturé une belle fille, Briseïs, la fille de Brises. Agamemnon, le commandant en chef des Grecs, avait capturé la belle Chryseïs dans une action similaire. Elle était la fille de Chryses, un prêtre d'Apollon. Son père offre une énorme rançon pour elle, mais Agamemnon refuse de rendre Chryseïs. En conséquence, la peste a éclaté dans le camp grec aux mains d'Apollon. Finalement, Agamemnon se voit conseiller par Calchas, soutenu en cela par Achille, de la rendre à son père et de faire de grands sacrifices en l'honneur d'Apollon, pour conjurer à nouveau le fléau. Par vengeance, Agamemnon réclame Briseis, pour punir Achille d'avoir soutenu Calchas. Achille était têtu et continuait à bouder parce qu'il avait perdu Briseis. Il refuse toujours de se battre et ne se mêle à nouveau de la bataille qu'après la mort de son ami Patrocle (qui avait revêtu l'armure d'Achille).

La mort d'Achille

Selon la plupart des récits, Achille a été tué par une flèche tirée par Pâris. Certaines légendes racontent ainsi que cette flèche a été tirée dans le talon d'Achille, que la flèche était empoisonnée ou que la flèche a été guidée par Apollon. Néanmoins, Paris, habituellement dépeint comme un lâche, n'est pas crédité de cet acte dans tous les récits. Le lieu varie selon les mythes. Parfois, cela se passe sur le champ de bataille, parfois pendant le mariage avec Polyxena.

Vénération

Le culte d'Achille ne se limitait pas à sa tombe : il était également vénéré à Erythrai (Asie Mineure), Sparte et Elis (Péloponnèse) ainsi qu'à Astypalaia, une île des Cyclades. Il existait un culte archaïque d'Achille sur l'île Leuce, l'île blanche, dans la mer Noire, avec un temple et un oracle qui ont persisté jusqu'à l'époque romaine.

Ganymède

Un beau prince troyen, enlevé par Zeus et devenu l'échanson des dieux.

Ganymède (grec ancien : Γανυμήδης ; latin : *Ganymède* ou *Catamitus*, d'où le mot *catamite*, garçon de la honte, est dérivé) est un personnage de la mythologie grecque. Il était le fils du roi Tros, le fondateur de Troie, et le berger du bétail de son père. Les dieux l'avaient à l'œil car - comme le dit Homère - il était "le plus beau des mortels" (*Iliade* 20, 233). Homère raconte que son père a reçu de Zeus un certain nombre de chevaux en compensation (*Iliade* 5, 265-267). Dans les versions ultérieures, elle devient une histoire homoérotique et c'est Zeus lui-même qui s'enflamme d'amour pour le garçon lorsqu'il le voit faire paître un troupeau de moutons sur le mont Ida. Il l'a volé avec l'aide d'un aigle et, dans la dernière version, même sous l'apparence d'un aigle et l'a amené à l'Olympe où le garçon est devenu un verseur de vin. On peut lire cette dernière version dans les *Métamorphoses* d'Ovide (XI, 765), qui deviendront plus tard la source la plus célèbre de l'histoire.

Même au Moyen Âge, Ganymède était encore joué, comme dans *Ganymède et Hélène*, où l'homosexualité est abordée de manière remarquablement ouverte pour l'époque.

Ganymède comme motif dans l'art

La figure de Ganymède avec l'aigle a souvent été représentée dans l'art, notamment à la Renaissance et à l'époque baroque. L'histoire était expliquée de manière allégorique et représentait le désir de l'âme humaine de s'unir à Dieu, Ganymède représentant l'âme humaine et Zeus, Dieu. Cependant, cette explication allégorique ne devait souvent être qu'un prétexte pour représenter une scène homoérotique. Des approches très différentes peuvent être observées chez Correggio, Annibale Carracci, Gabriel Ferrier, Rubens et Rembrandt. Des artistes ultérieurs ont également repris le thème, comme Thorvaldsen, Christian Wilhelm Allers et Hans von Marées.

Hercule

L'un des héros les plus forts et les plus célèbres de la mythologie classique.

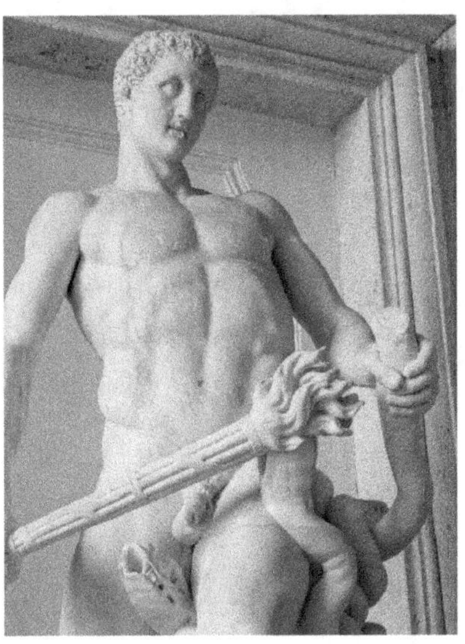

Hercule est le nom romain d'Héraclès, un personnage de la mythologie grecque. Sous le nom d'Hercule, il était vénéré comme un dieu dans la Rome antique. Selon Tite-Live, le culte d'Hercule fut le seul accepté par Romulus lors de la fondation de Rome. En Arménie, il était identifié au dieu arménien Vahagn (Վահագն).

Outre les habituelles histoires grecques sur Héraclès que les Romains ont adoptées, il existe également des histoires romaines sur Hercule. Par exemple, Virgile raconte dans son *Enéide* que le monstre cracheur de feu Cacus, qui avait caché le troupeau de Géryonès dans sa grotte sur l'Aventin, a été tué par Hercule. En raison de ce fait, Hercule lui-même ou Euandre aurait institué le culte d'Hercule, à l'emplacement de l'Ara Maxima sur le Forum Boarium. C'était un lieu approprié pour le culte d'Hercule, car le Forum Boarium était l'un des centres commerciaux de la Rome antique, et Hercule (comme Mercure) était considéré comme le protecteur des marchands. Hercule était également vénéré dans au moins 12 autres sanctuaires et temples de la ville.

Héros

Aeneas

Un héros de la guerre de Troie et le géniteur du peuple romain.

Énée est le héros de l'Énéide de Virgile, mais il était vénéré par les Romains bien avant la rédaction de l'Énéide. Ils l'ont appelé Jupiter Indiges, "le fondateur de la race".

Énée (grec ancien : Αἰνείας, *Aineias*) est un héros mythologique troyen. Énée est le fils de la déesse Aphrodite (Vénus dans la mythologie romaine) et d'un homme mortel, Anchise, et peut donc être considéré comme un demi-dieu. Énée est introduit dans la littérature par Homère (*Iliade*, livre II) comme chef des Dardaniens (Troyens). Il est le personnage principal de l'épopée *L'Énéide*, de Virgile, qui raconte comment, après sa fuite de Troie, Énée s'est rendu dans le Latium (en Italie) avec beaucoup d'errance, après quoi ses descendants fonderont Rome.

Énée dans l'Iliade

Selon Homère (qui s'est lui-même appuyé sur une longue tradition littéraire), Énée est un héros troyen qui, aidé par Pallas Athéna, affronte

163

Diomède (Livre V). Blessé par Diomède, qui lui a jeté une pierre, il est sauvé par Aphrodite, puis Apollon le prend sous son aile. Diomède attaque Énée à trois reprises et est chassé par le dieu à trois reprises. Énée est soigné et guéri dans la citadelle de Troie par Léto et Artémis. Apollon crée un "fantôme d'Énée" pour distraire Diomède, tout comme, plus tard dans l'*Énéide,* un fantôme d'Énée est créé pour distraire Turnus. Plus tard, Énée envisage de combattre Ménélas, mais lorsque ce dernier obtient de l'aide, Énée y renonce.

Dans le livre XX, Énée défie Achille, mais lorsque ce dernier le blesse et s'apprête à le tuer, Énée est sauvé par l'intervention divine de Poséidon qui apprécie la réputation de piété d'Énée. Poséidon exhorte Énée à ne pas défier les combattants supérieurs. Avant la bataille proprement dite, Homère donne la généalogie d'Énée avec la promesse de restaurer la dynastie de Priam et de Troie.

Énée dans l'Énéide

Le père d'Énée, Anchise, était du même sang que le roi de Troie, Priamus. La femme d'Énée, Creüsa, était du même sang, à peine plus éloignée. Lorsque les Grecs envahissent la ville par le cheval de Troie, Énée, comme tous les autres Troyens, est encore endormi, mais dans un rêve, Hector vient à lui et lui dit de fuir avec ses hommes (dieux gardiens de Troie) pour construire une nouvelle Troie ailleurs. Hector lui demande également de mettre en sécurité les Pénates (dieux domestiques) de Troie, qu'il avait déjà emmenés avec lui. Quand Énée se réveille, Troie est déjà en feu et les dieux domestiques sont à ses pieds.

Après s'être battu obstinément et contre son meilleur jugement pendant un certain temps, il rentre chez lui. Avec son vieux père Anchises et les trésors sur le dos et avec son fils Ascanius/Julus par la main, il quitte sa maison avec Creüsa.

Il avait convenu avec les autres réfugiés de se réunir dans un temple éloigné. Une fois sur place, cependant, il remarque que sa femme ne le suit plus. Il repart, dans le Troy en feu, mais lorsqu'il arrive à sa maison, celle-ci est déjà en feu. Il se retourne et veut continuer sa recherche quand soudain il entend la voix de sa femme et voit sa silhouette : son fantôme lui dit qu'elle est déjà descendue aux enfers. Énée veut l'embrasser une dernière fois mais il s'accroche à l'air. Il retourne au point de rassemblement au temple, après quoi Énée et ses compagnons entament leur long voyage.

Conversions

De retour au temple, le groupe de réfugiés s'avère considérable, et les Troyens déplacés, qui ont maintenant choisi Énée comme chef, fuient la ville dans des bateaux et commencent leur voyage par la mer. Après une longue errance avec plusieurs débarquements, où chaque fois il devient clair que les dieux ne veulent pas d'eux, ils sont finalement jetés en Afrique du Nord par une tempête.

La tempête, provoquée par Héra (dans la mythologie romaine : Iuno), brise la flotte en deux, après quoi les deux groupes arrivent séparément sur la plage de Carthage. Énée, qui parvient à débarquer avec sept navires, part en exploration avec son ami Achates et rencontre Aphrodite (Vénus), sa mère, qui leur parle de Didon et de Carthage. Énée et Achates sont temporairement enveloppés d'un nuage d'invisibilité par la déesse et ils marchent vers Carthage. Là-bas, Énée voit l'autre groupe de Troyens, dirigé par Illioneus, implorer l'aide de la reine de Carthage, Didon. Après un certain temps, le nuage d'Énée et de ses compagnons se disloque et le groupe d'Énée apparaît devant Didon. Cette rencontre a été le début d'une période de repos pour les Trojans. Ils ont vécu à la cour de Didon pendant un certain temps.

Mais Fatum (le destin) avait décidé de ne pas laisser le voyage d'Énée s'arrêter là et Jupiter (Zeus) informa Énée par l'intermédiaire de Mercure, le messager des dieux, qu'il devait poursuivre son voyage, d'abord à Cumes pour descendre aux enfers par l'intermédiaire d'une prêtresse afin de parler à son père. Énée n'est pas très heureux de cette situation, bien qu'il l'ait prévue. En cachette, il s'est préparé à partir. Dido, cependant, a eu vent de l'affaire et a essayé de le persuader de rester. Elle voulait même lui céder le pouvoir. Mais Énée ne cède pas ; il ne peut faire autrement, car il faut obéir à la volonté des dieux. Les Troyens sont donc repartis. Énée se retourne une fois de plus et voit Didon debout sur une colline. Elle maudit Énée et lui crie que la ville qu'il fondera restera toujours un ennemi de Carthage. Elle s'est ensuite transpercée avec son épée.

Latium

Après un voyage de bon augure - le dieu de la mer Neptune estimait qu'ils avaient eu assez de malheurs en mer - ils arrivèrent à Cumes. Énée obtint un rameau d'or et descendit dans le Tartare avec la prêtresse. Il s'est avéré que son père résidait dans une meilleure partie du monde souterrain (l'Elysium). Anchise lui dit qu'il connaissait déjà l'avenir et il désigna à son fils les âmes qui abriteraient plus tard les corps de Jules César, d'Auguste et de nombreux autres futurs souverains romains. Il a également déclaré qu'une bataille difficile attendait Énée dans le Latium, la terre qui lui avait été promise.

Après avoir visité les enfers, les Troyens se sont rendus dans le Latium. C'est là que régnait le roi Latinus qui, dans le passé, avait entendu des prophéties sur un peuple étrange qui viendrait un jour et deviendrait puissant. Il décide donc de rester amical et propose astucieusement à sa fille Lavinia de l'épouser. Par sa mère Amata, Lavinia avait déjà été promise à Turnus, le chef de la tribu des Rutuli. Incité par l'une des Furies, Turnus appelle à la guerre contre les Troyens. Cependant, Énée a encore beaucoup de temps pour construire un fort avec ses hommes et trouver des alliés dans la région. Après une bataille, gagnée par les Troyens, Turnus s'est retiré. Plus tard, Turnus a tué le jeune héros Pallas, le fils du roi Euandre, un roi latin trop vieux pour se battre lui-même mais qui a envoyé son fils avec Énée. Dans le livre XII, les choses en viennent finalement à une confrontation entre Énée et Turnus. Énée ne veut pas que de nombreux innocents meurent et propose de se battre en duel avec Turnus pour que la guerre puisse être décidée. Turnus a accepté, mais Iuno a désorganisé le plan, et la bataille a quand même eu lieu. Alors que la bataille durait depuis un certain temps, Turnus et Énée ont ordonné à leurs hommes d'arrêter de se battre pour pouvoir se battre en duel. Énée, qui était plus âgé, plus fort et plus expérimenté que le jeune Turnus, a remporté le duel. L'épopée se termine in medias res : Turnus supplie pour sa vie et promet de se soumettre, mais Énée voit alors Turnus porter la ceinture de Pallas, après quoi il le tue de colère.

Ajax le Grand

Un héros de la guerre de Troie et roi de Salamine.

Ajax ou **Aias**, du latin *Aiax*, grec ancien : Αἴας, est dans la mythologie grecque l'un des principaux héros de l'*Iliade* d'Homère. Il était fils de Télamon et est appelé le grand Ajax, par opposition à Ajax, fils d'Oileus, autre héros du cycle de la guerre de Troie, qui est appelé le petit Ajax. Ensemble, on les appelle les Géants.

La vie

Ajax était le fils de l'argonaute Telamon, roi de Salamine, et de Periboia, une fille d'Alkathoös. Son nom proviendrait de l'aigle, *aietos*, que son père a vu lorsqu'il a prié Zeus de lui accorder un fils courageux. Ajax parlait peu et lentement et avait un énorme courage. Il était l'un des prétendants d'Helena, qui avait fait le serment d'aider celui qui deviendrait son mari. En conséquence, il a participé à la guerre de Troie, décrite par Homère dans l'Iliade. Son courage et sa force étaient disproportionnés par rapport aux 12 navires qu'il avait amenés de Salamine. Selon l'Iliade, il était le deuxième plus grand héros des Grecs combattant à Troie après Achille. Il est mentionné dans l'Iliade comme étant d'une stature énorme, se tenant littéralement la tête et les épaules au-dessus des autres. Son épithète est "rempart des Grecs". Son armure se distingue par son énorme bouclier en cuir de bœuf. Il n'a jamais été blessé pendant toutes les batailles auxquelles il a participé à Troy. Un passage décrit l'impression qu'il a faite sur les Grecs et les Troyens :

Pendant qu'ils parlaient ainsi, Ajax s'arma du redoutable bronze. Après s'être entièrement blindé, il s'avança comme le géant Arès qui part en guerre au milieu des hommes, que Zeus a réunis dans un combat furieux et une lutte dévorante. C'est ainsi que le géant Ajax, le rempart des Grecs, apparut avec un sourire sur son visage sinistre. Il avançait à grandes enjambées, brandissant sa longue lance. Les Grecs le regardaient avec joie, mais une peur tremblante s'emparait des Troyens ; le cœur de chacun, oui, même celui d'Hektor, battait dans sa poitrine. Mais il était maintenant impossible de flancher ou de se faufiler dans la foule de ses hommes ; il avait défié la bataille. Ajax s'est approché en portant son bouclier, comme un rempart si grand, clouté de bronze, fait de sept peaux de bovins par Tychios, ...

Hektor, le plus puissant du côté de Troie, a mis les Grecs au défi de décider de la guerre avec l'un d'entre eux entre eux. Pour cela, Ajax a été tiré au sort par les Grecs. Il a participé au duel avec Hektor, le tuant presque avec une grosse pierre, mais la bataille a été abandonnée car il faisait trop sombre. Ils ont ensuite échangé des cadeaux, Ajax offrant une ceinture d'épée violette et Hektor une épée. Ajax était un ami d'Achille, ce qui montre qu'il a contribué à persuader Achille de se battre à nouveau. Le jour suivant, quand Ulysse a été blessé, Ajax l'a sauvé. Lorsque les Troyens atteignent le mur protégeant les navires des Grecs, lui et l'autre Ajax tiennent les Troyens à distance. Cependant, Ajax, malgré son action courageuse près des navires, ne peut empêcher les Troyens de mettre le feu à un navire grec. La situation est sauvée par Patroklos, déguisé en Achille, et les Myrmidons. Après que Patroklos ait été tué par Hektor et dépouillé de son armure, Ajax a protégé le cadavre avec son grand bouclier. Lors des jeux funéraires de Patroklos, Ajax participe à plusieurs jeux, luttant contre Ulysse et étant battu par Diomède au lancer de lance. Plus tard, il est décrit comment Ajax a traîné le corps d'Achille, l'empêchant de tomber entre les mains des Troyens, tandis qu'Ulysse tenait les Troyens à distance.

Il y a plusieurs histoires sur la mort d'Ajax. L'histoire la plus connue est celle d'Homère dans l'Odyssée et d'après laquelle Sophocle a écrit une tragédie : Aias. Selon cette histoire, après la mort d'Achille, Ajax et Ulysse se sont disputés pour savoir qui pouvait avoir l'armure d'Achille. On dit que les dirigeants grecs ont voté sur la question ou qu'ils ont laissé le devin troyen Helenos, fils de Priamos, capturé, prendre la décision. En tout cas, Odysseus a eu l'armure. Poussé par la colère et la jalousie, Ajax veut se venger des chefs grecs pendant la nuit, mais Athènes le rend fou et l'amène à tuer un troupeau de moutons au lieu des chefs grecs. Une fois qu'il a retrouvé ses esprits, il s'est suicidé de honte et de remords avec l'épée qu'il avait reçue d'Hektor. Là où son sang est tombé sur le sol, des

jacinthes ont fleuri dans les lettres AI, les deux premières lettres de son
nom mais aussi, traduit en néerlandais, le grec pour "O woe !" ou "Hélas
!". On raconte également que lorsque le navire d'Ulysse a coulé au cours
de ses pérégrinations, l'armure d'Achille s'est échouée sur la tombe d'Ajax
et que, par justice divine, il a récupéré ce qui lui appartenait.Le grand
Ajax, selon une autre histoire, a été tué par une flèche de Pâris, tout
comme Achille, mais selon une autre histoire encore, les Troyens l'ont
enterré vivant en lui jetant de l'argile. Ils ne pouvaient pas le tuer car il
avait été rendu immortel par Héraclès, qui l'avait enveloppé dans sa peau
de lion.

Ajax a eu un fils, Eurysaces, "bouclier large", qui a succédé à Télamon
comme roi de Salamine. Ajax lui-même n'a jamais été roi de Salamine,
mais il y était vénéré.

Daedalus

Dédale (latin) ou **Daidalos** (grec : Δαίδαλος), fils d'Eupalamus et d'Alcippe, est un personnage connu de la mythologie grecque, connu comme inventeur, sculpteur et architecte. L'histoire la plus connue à son sujet est celle du labyrinthe de Crète et de la fuite avec son fils Ikaros.

Dédale et Perdix

Selon les Athéniens, Dédale a d'abord vécu dans leur ville, où il était un architecte très respecté et le créateur de statues réalistes. Plusieurs inventions lui ont également été attribuées, comme la hache et la voile. Il était considéré comme le plus grand créateur de son temps.

Cependant, un de ses disciples, son propre neveu, a été capable de le surpasser. Ce neveu - ou sa mère, la sœur de Dédale - s'appelait Perdix ; le mot grec πέρδιξ (*perdix*) signifie perdrix et a également été choisi des siècles plus tard comme nom scientifique de la perdrix.

En effet, l'élève a conçu la boussole et c'est en étudiant un poisson au dos épineux qu'il a eu l'idée de la scie. Par jalousie, Dédale poussa Perdix du haut de l'Acropole d'Athènes, mais la déesse Pallas Athéna, protectrice de la sagesse, sauva la chute de Perdix en le transformant en perdrix, une espèce d'oiseau qui vole bas plutôt que haut, par peur de sa chute précédente.

Malgré ce sauvetage, Dédale a été accusé de meurtre par ses concitoyens. Il a donc fui la ville d'Athènes et s'est rendu en Crète.

Dédale en Crète

En Crète, Dédale est entré au service du roi Minos. Là, il a conçu une scène de danse pour la fille de Minos, Ariadne.

Le vaniteux Minos défia les dieux : il échangea un taureau blanc, sacré, qu'il avait reçu de Poséidon pour le sacrifier à ce dieu, contre un taureau gris. Le dieu a puni Minos en frappant sa femme, la reine Pasiphaë, de folie. Dans un accès d'engouement, elle a voulu avoir des rapports sexuels avec le taureau. Dédale était responsable de la vache en bois qui permettait à la reine d'avoir des rapports sexuels avec le taureau. Le résultat monstrueux de cet accouplement fut le Minotaure. Dédale est alors chargé par le roi de concevoir le labyrinthe de Cnossos, où le monstre est retenu captif.

Dédale et Icare

L'histoire de Dédale et de son fils Ikaros, qu'il avait engendré avec Naucrate, est décrite entre autres dans les *Métamorphoses* d'Ovide.

Après avoir construit le labyrinthe, lui et Ikaros sont restés bloqués en Crète car Minos ne voulait pas les laisser partir, car il connaissait le secret du labyrinthe de Cnossos. La Crète étant une île et les ports étant gardés, la fuite était très difficile.

L'évasion n'était possible que par voie aérienne. Dédale a donc fabriqué deux paires d'ailes d'oiseaux immenses à partir de plumes, qu'il a fixées à des cadres en bois avec de la cire d'abeille. Avec son téméraire fils Ikaros, il s'est ensuite aventuré à travers la mer Égée, de Crète à Athènes. Il a conseillé à son fils de ne pas voler trop haut, c'est-à-dire pas trop près du soleil. Il ne doit pas non plus voler trop bas, sinon l'eau mouillerait les plumes. Il devait prendre la Voie du Milieu d'Or ou l'Aurea Mediocritas.

Ikaros, cependant, n'a pas écouté les conseils de son père. Il est devenu trop confiant et a volé de plus en plus haut. La chaleur du soleil a fait fondre la cire d'abeille et les ailes se sont détachées, après quoi Ikaros a plongé dans la mer. Dédale a vu son fils disparaître dans les vagues.

171

Pendant ce temps, un berger, un pêcheur et un paysan qui observaient de loin ont pris Dédale et Ikaros pour des dieux, car seuls les dieux pouvaient fendre le ciel.

Dédale, affligé, enterra son fils après l'avoir trouvé sur une île voisine, traditionnellement l'île d'Ikaria. La partie de la mer dans laquelle Ikaros était tombé (entre les Cyclades et l'Asie mineure) a été baptisée de son nom : la mer Icarienne.

Jason

Jason (grec ancien : Ἰάσων, *Iásôn*) était, dans la mythologie grecque, le fils du roi Aeson, roi d'Iolkos, une ville de Thessalie. Le roi Aeson a été privé de son pouvoir par son demi-frère Pelias. Lorsque Jason est né, ses parents ont eu peur que Pélias ne le tue, ils l'ont donc secrètement envoyé dans les montagnes du Pélion, où il a été élevé par le sage Centaure Cheiron.

Jeune homme de vingt ans, Jason est retourné à Iolkos pour revendiquer la royauté. Il réclame le trône de son père et Pélias dit qu'il peut l'obtenir, mais il dit aussi à Jason qu'il est hanté par l'esprit de Phrixos qui exige que la Toison d'or soit récupérée.

Jason décide d'entreprendre le voyage et rassemble un grand nombre de héros grecs pour le périple, dont Héraclès, Thésée, Pélée, Méleager, Laertes, Zetes et Calais, Castor et Pollux et le chanteur Orphée. Les participants à l'expédition sont appelés les Argonautes car leur navire s'appelle l'Argo.

Le voyage a conduit à Colchis, sur la rive orientale de la mer Noire. Une fois sur place, il demande au roi de Colchide (Aietes) la Toison d'or. Ce dernier était prêt à la donner si Jason pouvait d'abord accomplir une tâche : Jason devait apprivoiser deux taureaux crachant du feu, les Khalkotauroi, et labourer le champ avec eux, puis semer des dents de dragon et vaincre les guerriers qui en sortiraient. Avec l'aide de Médée, la fille du roi, Jason a réussi à accomplir les tâches. Après avoir accompli cette tâche avec succès, Jason est retourné auprès du roi pour recevoir la Toison d'or. Aietes, surpris et furieux que Jason ait passé ses ordres, lui dit que la Toison d'or est gardée par un dragon ; pour l'obtenir, Jason devra d'abord vaincre le dragon. Orphée a endormi le dragon en chantant, permettant à Jason d'emporter la Toison d'or. Aietes n'en était pas moins furieux que Jason ait quand même réussi à obtenir la Toison d'or, surtout lorsque sa fille Médée et son jeune fils (l'héritier du trône) ont pris le large avec lui. Il a poursuivi l'Argo avec ses navires. Médée n'a rien trouvé de mieux que de démembrer son petit frère et de le jeter par-dessus bord ; Aietes n'a eu d'autre choix que de demander à ses navires de ramasser les morceaux de son fils pour qu'il puisse être enterré et de laisser partir l'Argo.

Jason et Médée se sont mariés et ont eu des enfants. Lorsque, des années plus tard, Jason est tombé amoureux d'une autre femme, Médée s'est mise dans une telle colère qu'elle a tué ses deux enfants. Elle a ensuite renversé l'Argo sur Jason alors qu'il dormait dans son ombre, le tuant.

La mythologie mentionne également l'empoisonnement par le sang de taureau.

Odysseus

Certains auteurs romains avaient tendance à déprécier Ulysse comme le destructeur de la ville mère de Rome, Troie. D'autres écrivains romains (comme Horace et Ovide) l'admiraient.

Ulysse (grec ancien : Ὀδυσσεύς ou aussi Ὀδυσεύς, prononciation néerlandaise : Odíssuis) ou **Ulixes** (latin) est un personnage du cycle mythique de l'Antiquité classique entourant la guerre de Troie. Il est le roi de l'île d'Ithaque, fils de Laërtes et d'Antikleia, un capitaine grec rusé, inventeur de la ruse du cheval de bois grâce à laquelle la guerre est gagnée au bout de dix ans, après quoi il erre pendant dix autres années avant de rentrer chez lui. Il est un personnage important dans l'Iliade d'Homère, tandis que dans l'Odyssée d'Homère, il est le personnage principal. D'autres poètes classiques ont également écrit sur lui, comme Sophokles, dans le *Philoctète*. Les philosophes aimaient s'inspirer de l'Ulysse de l'Iliade, qu'ils voyaient comme un parangon de persévérance.

Les poètes appréciaient sa ruse et étaient plus enclins à choisir l'Odyssée
pour leur interprétation d'Ulysse.

Expériences

L'histoire d'Ulysse racontée par Homère, dans laquelle il rencontre toutes
sortes de créatures mythiques et d'adversaires humains au cours de ses
années d'errance, est en fait une sorte de roman d'aventure *avant la lettre*.

La guerre de Troie

Alors qu'Ulysse et Pénélope, vivant à Ithaque, viennent d'avoir leur fils
Télémaque, Ménélas et un groupe d'autres personnes, dont Palamède,
viennent le voir pour le persuader de participer à la guerre de Troie.
Ulysse, ne voulant pas s'engager après la naissance de Telemachos,
prétend être devenu fou et commence à semer du sel dans les champs.
Palamède, connaissant la ruse d'Ulysse, n'est pas dupe, va vérifier et met
Télémachos devant la charrue. Ulysse échappe immédiatement à son fils
nouveau-né, mais ce faisant, il se trahit lui-même. Ulysse se laisse
persuader, mais fait promettre à Pénélope que s'il n'est pas revenu au
moment où Télémaque aura une barbe, elle choisira un nouveau mari.

Ulysse a ainsi participé à la guerre de Troie et a reçu l'armure d'Achille
après sa mort. Ajax, le fils de Telamon, n'a pas reçu l'armure et a tué un
troupeau de moutons. Il avait confondu ces moutons avec les capitaines
grecs aux mains d'Athéna, sur lesquels il voulait calmer sa colère, et s'est
ensuite suicidé. Après dix ans de combat, les Grecs ont compris qu'ils ne
pourraient jamais prendre Troie par un simple siège. Ulysse a imaginé une
ruse : les Grecs ont navigué avec leurs hommes vers Ténédos, une île au
large de Troie, pour s'y cacher, mais ont laissé un des leurs, Sinon près
de Troie avec une grande construction en bois, le cheval de Troie, dans
lequel les soldats grecs s'étaient cachés. Les Troyens pensent, puisque
les Grecs sont partis, qu'ils ont abandonné. Sinon dit que c'est une
offrande des Grecs à Athènes et que si les Troyens prennent le cheval
dans leurs murs, cela assurera la paix à Troie. Mais pour ce faire, ils
doivent abattre une partie du mur qui entoure leur ville. Kassandra et
Laokoön préviennent encore leurs concitoyens qu'il s'agit d'une ruse, mais
les Troyens tombent néanmoins dans le piège. Sinon, une fois qu'il est à
Troy et que la nuit est tombée, ouvre le cheval. Les Grecs descendent du
cheval et parviennent à ouvrir les portes de la ville et conquièrent ainsi
Troie, tuant de nombreux habitants.

Ulysse s'est déjà attiré la colère de Poséidon lors de son voyage de retour parce qu'il avait crevé l'œil de Polyphème, le fils de Poséidon. Poséidon lui a donc promis que son voyage de retour ne serait pas entièrement sans problèmes.

Kikonen

Après la prise de Troie, Ulysse entreprend son voyage de retour vers son île d'Ithaque, où l'attendent sa femme Pénélope et son fils Télémaque. Il est arrivé en premier sur l'île des Kikons. Les Kikons étaient les alliés des Troyens pendant la guerre, et c'est pour cette raison qu'Ulysse et ses hommes ont détruit l'île entière et tué presque tous les Kikons, à l'exception de Maron, le prêtre d'Apollon. Maron a donné à Ulysse 12 jarres de vin enivrant, qui lui serviront plus tard. Ulysse a dû partir avec ses hommes tête baissée car certains Kikons, qui avaient réussi à fuir, étaient revenus avec des alliés. Il a perdu six hommes sur chacun de ses navires à cause de leurs actions.

Mangeurs de lotus

Ulysse fait ensuite escale dans les Cyclades et navigue jusqu'à l'île des Mangeurs de Lotus, également connue sous le nom de Lotoseters ou Lotophagen. Les mangeurs de lotus, comme leur nom l'indique, ne mangent que du lotus. Odysseus a immédiatement envoyé trois hommes pour explorer cet endroit. Lorsque ceux-ci ne sont pas revenus après un certain temps, Ulysse et les autres ont décidé de partir à leur recherche. Il s'est avéré que les scouts ne voulaient pas rentrer chez eux parce qu'ils avaient mangé du lotus. Ulysse traîne les hommes hors de l'île et ordonne aux autres de ne surtout pas manger des fleurs magiques. Les éclaireurs ont dû être attachés sur le bateau pendant qu'Ulysse naviguait au loin avec ses hommes.

Le cyclope Polyphème

Ulysse atteint ensuite l'île de Sicile, qui est alors habitée par des cyclopes. Ulysse et ses hommes sont entrés dans une immense grotte remplie de râteliers de fromage et de lait, comme si des moutons y étaient gardés. Comme cadeau à l'hôte, Ulysse avait apporté des sacs de vin du prêtre du Kikonen. Après un certain temps d'attente, le cyclope géant Polyphème entra dans la grotte avec ses moutons et demanda qui étaient les étrangers. Odysseus a dit que son nom était "Personne". Polyphème n'est pas très amical et décide de manger certains des hommes d'Ulysse. Cependant, comme cadeau à Ulysse, Polyphème a promis de le manger en dernier. Ulysse voulait tuer le cyclope, mais il s'est rendu compte que lui et ses hommes seraient alors piégés dans la grotte, car ils n'étaient pas assez forts pour repousser le rocher qui se trouvait devant l'entrée. Il a donc eu recours à une ruse.

Chaque jour, Polyphème mangeait quatre hommes, deux le matin et deux le soir, et à un moment donné, Ulysse a demandé si Polyphème ne voulait pas boire quelque chose. Il donna à Polyphème les sacs de vin, que le cyclope vida complètement. Ce dernier est alors tombé dans un profond sommeil. Ulysse a fait une perche trouvée très pointue et l'a chauffée dans le feu. Avec quatre autres hommes, Ulysse plante cette perche dans l'œil unique de Polyphème, le rendant aveugle. Polyphème a alors demandé l'aide d'autres cyclopes. Ils demandent pourquoi Polyphème appelle à l'aide, ce à quoi il répond : "Aucune ruse, aucune violence, ne me menace de mort !"Ulysse se rend compte qu'il n'est pas encore sorti de la grotte, car la seule sortie est bloquée par une grosse pierre, impossible à sortir. Le matin, Polyphème laissait toujours sortir les moutons, et c'était, selon Ulysse, le moment de s'échapper. Il a ordonné à ses hommes de s'accrocher chacun à deux moutons pour sortir. Pour lui, cependant, il n'en restait qu'une, sous laquelle il est allé se faire pendre. Polyphème a senti avec ses mains si seulement les moutons sortaient par la sortie, et ainsi n'a pas senti qu'il y avait des gens accrochés sous les moutons. Au dernier mouton, sous lequel Ulysse était suspendu, il s'est méfié, car celui-ci devrait être devant. Néanmoins, il l'a laissé passer. Quand Ulysse arrive sur son navire, il ne peut s'empêcher de crier à Polyphème qu'ils se sont échappés. En réponse, Polyphème a jeté une pierre qui a manqué de peu le navire. Ulysse a crié à Polyphème qu'il préférait le tuer, ce à quoi il a répondu par un deuxième rocher. Polyphème s'est senti blessé et a demandé l'aide de son père : le dieu Poséidon. Il demande à son père s'il peut rendre le reste du voyage d'Ulysse vers Ithaque encore plus difficile. En raison de sa fuite, Ulysse a dû laisser derrière lui son compagnon Achaimenides, mais celui-ci sera plus tard recueilli par Énée.

Aiolos

Après avoir navigué un certain temps, Ulysse arrive sur une île, où il trouve Aiolos, le dieu du vent. Ulysse et ses hommes sont bien accueillis sur son île et y restent plus d'un mois dans le palais d'Aiolos. Quand Ulysse repart, Aiolos lui donne un sac qui contient tous les vents, sauf le vent du sud. Ulysse ne doit en aucun cas l'ouvrir, car il doit utiliser les vents pour ses mâts : s'il n'y a pas de vent, il peut repartir en ouvrant le sac. Ses hommes sont naturellement curieux de savoir ce que contient le sac, mais Ulysse ne révèle rien. Les hommes pensent qu'il y a de l'or et des bijoux dans le sac, et pensent qu'Ulysse veut garder ces trésors pour lui. Grâce aux vents favorables d'Éole, Ulysse et ses hommes approchent bientôt d'Ithaque. Lorsque les hommes ont presque atteint Ithaque, Ulysse s'endort de fatigue. Ses hommes fêtent le retour au pays avec du vin et ouvrent tous les sacs, ainsi que le sac de tous les vents, et une grande tempête éclate, les éloignant d'Ithaque pour les ramener sur l'île d'Aiolos. Le dieu est très surpris de revoir Ulysse, mais lorsqu'il lui explique ce qui s'est passé, il comprend que l'un des dieux de l'Olympe se met en colère contre Ulysse. De plus, il est furieux qu'Ulysse ait traité son cadeau de cette manière, aussi l'expulse-t-il immédiatement de son palais avec son entourage.

Laistrygonen

Après s'être éloignés d'Aiolos, Ulysse et ses hommes atteignent l'île des Laistrygons. Presque tous les navires d'Odysseus accostent dans le port, seul le navire d'Odysseus reste à l'écart. Les Laistrygons sont des géants et écrasent les navires d'Ulysse amarrés dans le port avec des rochers. Le navire d'Ulysse parvient à s'échapper et, poursuivi par des rochers, il navigue jusqu'à Aiaia, la demeure de la sorcière Kirke, alias Circé.

Kirke

Sur Aiaia, Ulysse envoie un groupe d'éclaireurs pour voir ce que l'île a à offrir. Cependant, lorsqu'ils restent absents pendant une très longue période, Ulysse décide de chercher lui-même. Dans sa quête, il rencontre Hermès, le messager des dieux. Il met en garde Ulysse contre la dangereuse potion magique de la sorcière Kirke. Si Ulysse en boit, il se transformera en bête à moins qu'il n'ingère une herbe appelée Moly, que Hermès lui offre. Ulysse ne lui fait pas confiance car Moly est un poison. Hermès parvient finalement à convaincre Ulysse. Ulysse le mange, et part à la recherche du palais de Kirke. Autour du palais, il voit toutes sortes de bêtes différentes se promener. Il découvre que ses hommes se sont également transformés en animaux, à savoir en sangliers.

Odysseus rencontre Kirke et lui ordonne de laisser partir ses hommes. Kirke veut d'abord lui offrir un verre, et Ulysse le boit, espérant que l'herbe d'Hermès fonctionnera. Kirke s'énerve quand Ulysse ne se transforme pas en animal, et dit qu'elle fera revenir ses hommes si Ulysse se couche avec elle. Ulysse se couche avec elle et, comme promis, les animaux se transforment en humains. Ulysse et ses hommes sont restés à Aiaia pendant un an. Puis ils sont repartis.

Underworld

Kirke avait conseillé à Ulysse de se rendre aux enfers et de chercher l'ombre du devin aveugle Teiresias. Avec l'aide de Kirke, Ulysse atteint les enfers et y pénètre seul. Il doit creuser une fosse dans le monde souterrain et y offrir trois sacrifices : un mélange de lait et de miel, de vin doux et d'eau. Pour cela, il doit saupoudrer de la farine, faire quelques vœux et sacrifier un bélier noir et un mouton noir. Kirke avait dit à Ulysse que Teiresias était le premier à être autorisé à boire le sang, mais bien sûr tous les spectres descendent sur le sang, qu'Ulysse essaie de tenir à distance avec son épée. Il voit sa mère parmi les ombres, qui était encore en vie lorsqu'il a quitté Ithaque, mais il n'a pas non plus le droit de la laisser boire du sang, jusqu'à ce que Teiresias en ait assez. Tirésias s'adresse enfin à Ulysse et lui prédit que lui et ses hommes arriveront sains et saufs à Ithaque s'il laisse seules les vaches d'Hélios, le dieu du soleil, qui paissent sur l'île de Thrinakia. De retour chez lui, il devra tuer les prétendants qui veulent épouser Pénélope, mais après cela, il aura une vieillesse paisible. Le devin dit aussi à Ulysse que Poséidon est la cause de son malheur. Après cette prédiction, Ulysse pouvait enfin faire boire du sang à sa mère. Sa mère s'est suicidée parce qu'elle ne pouvait plus supporter de vivre sans lui. Ulysse rencontre également Agamemnon, l'un des autres chefs du siège de Troie, qui raconte de quelle horrible façon il est mort. Ulysse ne reste pas un instant de plus dans le royaume des morts après avoir rencontré sa mère et Agamemnon.

Lui et son équipage ont navigué jusqu'à l'île de Kirke et y sont partis après une bonne nuit de sommeil. Ulysse est resté sur l'île pendant un total de cinq jours, mais ce que lui et ses hommes ne savent pas, c'est que chaque jour au palais est une année dans le monde réel. Quand il veut repartir de la plage d'Aiaia, il voit que son bateau est recouvert de sable. Ils doivent d'abord le déterrer.

Sirènes

Les sirènes sont mi-déesses, mi-vautour et mi-humaines. Ils tentent les marins avec leurs chants pour qu'ils naviguent vers eux, ce qui fait que les navires se heurtent à des rochers et coulent, laissant l'équipage en mauvaise posture.

Ulysse avait reçu de Kirke le bon conseil de se boucher les oreilles et celles de ses hommes, afin qu'ils ne soient pas tentés d'écouter les sirènes et de creuser leur propre tombe. Il a bouché les oreilles de ses hommes avec de la cire d'abeille, mais il s'est fait attacher au mât afin d'entendre le chant des sirènes sans pouvoir naviguer vers elles. Il a en outre ordonné à ses hommes de ne pas le détacher s'il criait, mais de l'attacher encore plus serré. Ils ont donc passé l'île des sirènes sans encombre.

Skylla et Charybde

Ulysse, ayant passé les sirènes en un seul morceau, passa avec son navire dans un détroit étroit, vraisemblablement le détroit de Messine. Ils sont entrés dans une grotte et ont eu le choix : ils devaient soit passer Charybde, qui avale et recrache de l'eau plusieurs fois par jour, au risque de perdre tout le navire, soit passer Skylla, un monstre à six têtes qui tuerait ou emporterait six de ses hommes. Ulysse choisit la seconde solution, préférant perdre six de ses hommes plutôt que tous.

Helios

Ulysse arrive à Thrinakia, l'actuelle Sicile, l'île où le dieu du soleil Hélios fait paître son bétail. Ulysse aurait préféré éviter cette île, étant donné les avertissements de Teiresias et de Kirke. Mais ils ne peuvent pas revenir en arrière, et les hommes demandent à Ulysse de rester sur l'île pendant au moins un jour. Une période de temps défavorable se déclare, et Ulysse est obligé de rester plus longtemps sur l'île. Il a fait jurer à ses hommes de ne pas s'approcher du bétail, mais au bout d'un certain temps, la nourriture vient à manquer et les hommes préfèrent subir la colère des dieux plutôt que de mourir de faim. Ils abattent du bétail et le font rôtir sur un feu. Ulysse se réveille, et s'approche des hommes en jurant et en fulminant. Hélios oblige Zeus à punir les hommes, et Zeus lui promet qu'ils n'échapperont pas à leur châtiment.

Une fois que le vent s'est calmé, Ulysse et ses hommes peuvent se remettre en route. Avant même que l'île d'Hélios ne soit hors de vue, une grande tempête éclate et la foudre de Zeus frappe le navire d'Ulysse, le faisant couler. Tous les hommes se noient, seul Ulysse reste en vie. Il devra maintenant poursuivre seul son voyage de retour.

Kalypso

Odysseus a juste réussi à s'accrocher à un morceau d'épave et à flotter. Il atteint à nouveau Charybde, qui draine la mer et fait perdre à Ulysse son radeau. Lui-même vient de réussir à s'accrocher à une branche sur une île, et s'y accroche jusqu'à ce que Charybde recrache la mer. Il saute sur le radeau et repart, sans que Skylla ne le remarque.

Ulysse dérive vers l'île mystérieuse d'Ogygie, où la déesse Kalypso vit avec plusieurs autres femmes. Ces femmes gloussent en voyant Ulysse, car elles n'ont jamais vu d'homme auparavant. Ulysse est bien entouré sur l'île, et Kalypso lui montre qu'elle l'aime bien. Kalypso lui dit d'oublier Pénélope, et qu'elle peut le rendre immortel et éternellement jeune, mais elle ne peut pas persuader Ulysse de ne pas retourner chez lui et auprès de Pénélope. Cependant, elle le prive de toute notion du temps, et il pense donc qu'il n'est sur l'île que depuis sept jours, alors qu'en réalité il y est resté sept ans.

Athéna pense que le séjour d'Ulysse sur Ogygia a été suffisant après sept ans et persuade Zeus d'envoyer Hermès à Kalypso, qui lui ordonne de laisser partir Ulysse. Elle est réticente et dit que les dieux ne peuvent pas accepter qu'elle aime un mortel, de plus, elle dit que Zeus lui-même a fait en sorte qu'Ulysse échoue ici. Finalement, Kalypso laisse partir Ulysse et lui ordonne de construire un bateau avec lequel il pourra rentrer chez lui.

Les Phéaciens

Alors qu'Ulysse est en vue de l'île des Phéaciens, Poséidon provoque une tempête et Ulysse fait à nouveau naufrage. Il pense qu'il va mourir, mais juste à ce moment-là, la nymphe Ino (alias Leukothea) apparaît, lui disant qu'il atteindra l'île sain et sauf s'il fait ce qu'elle dit. Elle lui demande d'attacher son foulard, qui supprime la peur du malheur et de la mort, autour de sa poitrine et de sauter nu dans l'eau. Ulysse ne lui fait pas vraiment confiance, mais il n'a pas le choix. À l'exception du foulard, il saute dans l'eau nu et nage jusqu'au rivage. Malgré l'aide de Pallas Athéna, il faut encore deux jours avant qu'Ulysse ne s'échoue sur le rivage. Là, il enlève le foulard et, comme Ino le lui avait demandé, le rejette à la mer, le visage détourné. Puis il va se reposer complètement nu dans les buissons.

Athéna, déguisée en amie proche, apparaît en rêve à la princesse faiaque Nausikaä. Elle dit à Nausikaä d'aller à la plage pour faire sa lessive ; elle lui fait également remarquer que Nausikaä va peut-être se marier bientôt. Le lendemain, Nausikaä part avec ses serviteurs faire la lessive à la plage. Ulysse se réveille aux sons de Nausikaä et de ses serviteurs et, couvert de quelques feuilles et d'une brindille à la main, sort des buissons. Tous les serviteurs s'enfuient, seul Nausikaä reste debout. Elle n'a pas peur de l'homme nu et inconnu. Ulysse lui demande si elle a un tissu pour l'envelopper et si elle connaît le chemin de la ville. Nausikaä ordonne à ses serviteurs de laver Ulysse, mais ce dernier préfère le faire lui-même. Lorsqu'il est lavé, Nausikaä lui explique comment se rendre en ville et comment agir pour être reçu de façon hospitalière.

Il fait ce qu'on lui dit et se rend au palais. Il est rendu invisible par la déesse Athéna et marche droit vers la reine Arete. Alors qu'il se baisse et lui enlace les genoux, son invisibilité disparaît, faisant sursauter la reine. Ulysse supplie Arete de le laisser rentrer chez lui, et les Phéaciens lui offrent la meilleure nourriture et d'autres choses parce qu'ils pensent qu'Ulysse est un dieu. Cependant, Ulysse leur dit qu'il est une personne ordinaire, et non un dieu. Le roi Alkinoös lui promet un bateau pour rentrer chez lui.

Un banquet est organisé pour Ulysse, et ce dernier demande à un chanteur s'il peut chanter sur la guerre de Troie. Cette chanson émeut beaucoup Ulysse, et il se met à pleurer. Alkinoös lui demande de révéler son nom, car il est maintenant devenu très curieux. Ulysse répond alors qu'il est Ulysse, l'homme qui a inventé le cheval de Troie. Alkinoös lui demande s'il peut raconter ses aventures sur le chemin du retour, et Ulysse le fait jusque tard dans la nuit.

Les Phéaciens finissent par emmener Ulysse et son navire jusqu'à Ithaque, mais selon certaines lectures, ils sont sévèrement punis par Poséidon : soit leur navire, soit leur île entière a sombré dans la mer.

Retour à Ithaca

Pendant les vingt ans d'absence d'Ulysse, Pénélope reçoit chez lui de plus en plus de prétendants qui veulent l'épouser. Cependant, Pénélope aime toujours Ulysse et ne veut pas se remarier. Ils lui assurent qu'Ulysse est mort et lui disent qu'elle ne peut pas continuer à vivre ainsi. Pénélope leur dit qu'elle épousera quelqu'un dès qu'elle aura tissé un linceul pour Laërtes, le vieux père d'Ulysse. Elle commence à travailler sur ce linceul, mais arrive rapidement à la conclusion qu'elle en aura bientôt terminé. Elle tisse donc pendant la journée, mais sort le linceul la nuit.

Ulysse se réveille sur une île qui lui est étrangère, enveloppée de brume. Il rencontre Athéna, qui lui dit qu'il est vraiment à Ithaque et pour le prouver, elle fait disparaître le brouillard. Ulysse reconnaît maintenant l'île et Athéna lui dit qu'il ne peut pas aller voir Pénélope tout de suite, à cause des prétendants. Elle dit que s'il allait voir Pénélope maintenant, il mourrait comme Agamemnon. Pour le protéger de cela, Athéna le transforme en mendiant et l'envoie chez Eumaios, le porcher. Athéna lui annonce également qu'elle va partir pour Sparte, afin de renvoyer son fils Télémachos chez lui. En effet, il a entrepris de faire des recherches sur son père.

Avec le temps, Eumaios découvre que le mendiant est en fait son maître et l'avertit de ne pas revenir dans son palais, du moins pas avant le retour de Telemachos. Lorsque Télémaque est de retour à Ithaque, Athéna rend à Ulysse sa véritable forme. Au début, Télémaque ne reconnaît pas son père, mais Ulysse le convainc que c'est bien lui. Ulysse demande à son fils de l'aider à vaincre les prétendants, ce que Télémaque accepte naturellement.

Ulysse est à nouveau transformé en mendiant par Athéna et se rend dans son palais. Entre-temps, les prétendants sont devenus très agités et veulent que Pénélope fasse un choix maintenant. Elle invente une ruse qui lui permet de n'avoir à épouser personne. Sur le mur est encore accroché l'arc d'Ulysse, que lui seul peut tendre. Elle organise un concours et celui qui pourra tendre l'arc et l'utiliser pour tirer une flèche à travers les yeux de 12 haches attachées au sommet en une seule fois deviendra le nouveau mari. Tous les prétendants essaient d'armer l'arc, mais aucun n'y parvient. Odysseus, pendant ce temps, a marché jusqu'au palais. Ulysse, toujours ensorcelé, demande s'il peut faire un essai. Les prétendants crient qu'un mendiant ne peut pas du tout tendre un arc, mais Pénélope dit que le mendiant peut aussi essayer. Ulysse tend l'arc et tire à travers les 12 yeux avec celui-ci, de sorte que tous les prétendants sont assommés. Ulysse retrouve sa forme normale, ce qui fait que les prétendants le reconnaissent et prennent peur. Ils essaient de tuer Ulysse, et il tue l'un d'entre eux. Les prétendants sont outrés et pensent qu'ils n'ont rien fait de mal. Pourtant, ils l'ont fait ; ils ont vécu aux crochets d'Ulysse pendant des années et ont insulté sa femme. Après cela, Ulysse en tire d'autres et une vraie bataille commence. Il reçoit l'aide de Telemachos et ensemble ils les tuent tous. Après cette effroyable bataille, Ulysse ordonne à sa vieille nourrice, Eurykleia, d'aller chercher tous les serviteurs infidèles. Ce qu'elle est trop heureuse de faire. Les filles terrifiées sont obligées de traîner les cadavres des prétendants et de nettoyer la grande salle. Telemachos tend une corde solide entre le toit et le mur de la cour, à laquelle il pend les serviteurs infidèles un par un.

Après le nettoyage, Ulysse part à la recherche de Pénélope et la retrouve. Ils promettent de rester ensemble pour toujours.

Suivant la figure d'Ulysse

Les Romains n'étaient pas les seuls à utiliser le personnage d'Ulysse, avec "leurs" Ulixes, pour inspirer des histoires ou lui faire jouer un rôle de premier plan dans celles-ci. Aujourd'hui encore, il apparaît régulièrement dans des livres et des histoires.

Dans l'*Enfer de* Dantès, Ulysse brûle en enfer parmi les mauvais conseillers, tout comme Diomède. Il raconte à Dante et Virgile qu'après toutes ses pérégrinations, il a fait un dernier voyage, vers la montagne de la purification, à l'autre bout de la terre, là où Dieu a coulé son navire. Ulysse joue également un rôle dans Troïlus *et Cressida* de Shakespeare et *Ulysse* de James Joyce porte son nom. Il apparaît aussi, par exemple, dans le livre pour enfants *De vloek van Polyfemos*, écrit par Evert Hartman.

Beaux-arts

Ulysse apparaît régulièrement dans l'art ancien et contemporain. Les Grecs le peignaient déjà fréquemment sur des vases et des assiettes, mais les peintres du XVe et du XVIe siècle l'ont également peint sur des toiles.

Musique

Claudio Monteverdi a écrit l'opéra *Il Ritorno d'Ulisse in Patria* en 1641, sur le retour d'Ulysse à Ithaque. Au moins trois "adaptations" ont suivi au XXe siècle, l'une de John Harbison (*Ulysse*) et l'autre de Nicholas Maw (*Ulysse*). Alan Hovhaness a dédié sa 25e symphonie à l'amour entre Ulysse et Pénélope.

Film

L'histoire d'Ulysse et de ses aventures a été filmée à de nombreuses reprises, notamment dans la mini-série L'Odyssée. Le film O Brother, Where Art Thou (2000) en est une interprétation très libre.

Construction odysséenne

L'expression "construction odysséenne" est parfois utilisée dans les milieux gouvernementaux, en référence à la rencontre d'Ulysse avec les sirènes. Les années 2002-2004 ont été caractérisées par une croissance relativement faible, voire une baisse des recettes fiscales, ainsi que par une augmentation des taux marginaux d'imposition. En 2005, lorsque les recettes fiscales (notamment sur le revenu et le patrimoine) ont soudainement explosé, le déficit de financement de l'État s'est réduit. Pour l'électeur et le représentant élu du peuple, cela signifie que les finances publiques sont en ordre et qu'il existe donc un excédent dont l'utilisation a été libérée. L'appel de l'électeur a été comparé à l'attrait des Sirènes qui, avec leur chant clair, ont réussi à séduire plus d'un batelier et à prendre le large sur les falaises. Pour Ulysse, la solution était aussi simple qu'efficace : il a demandé à ses équipiers de l'attacher au mât afin qu'il puisse résister de force à la tentation.

Orphée

Un musicien et poète légendaire qui a tenté de récupérer sa femme décédée dans les Enfers.

Orphée (grec ancien : Ὀρφεύς) est un musicien, poète et prophète de la mythologie grecque. Selon la tradition, il a vécu en Thrace. La tradition dit qu'il pouvait faire danser les arbres et les animaux avec sa musique. Il était célèbre avec la lyre, et on dit qu'il a été enseigné par Apollon lui-même.

Il est surtout connu pour le mythe d'Orphée et Eurydice, qui a été mis en musique par de nombreux auteurs et compositeurs. L'histoire raconte comment Orphée, après la mort de sa femme Eurydice, descend aux enfers et négocie avec Hadès, dieu des enfers, pour ramener sa femme dans le royaume des vivants. Son chant charme Hadès, et il obtient la permission d'emmener Eurydice avec lui, à condition qu'il ne se retourne pas une seule fois sur son chemin vers le haut. Bien sûr, juste avant de quitter les enfers, il est tellement inquiet pour sa femme qu'il se retourne quand même, la condamnant ainsi aux enfers.

Dans l'Antiquité, ce personnage semi-mythique était considéré comme un personnage historique, auquel on attribuait certains poèmes et propositions philosophiques. Son nom est associé au mouvement de sagesse religieuse de l'orphisme. Il a même été compté parmi les sept sages par certains.

On dit qu'Orphée a été tué par des nymphes.

Perseus

Fils de Zeus, roi fondateur de Mycènes et meurtrier de la gorgone Méduse.

Persée (grec ancien : Περσεύς) est un personnage de la mythologie grecque. C'était un héros, fils de Zeus et de Danaë. Surtout connu pour ses actions contre le Gorgo Medusa.

Un oracle a annoncé à Akrisios, roi de la cité-état grecque d'Argos, qu'il serait un jour tué par son petit-fils. Par précaution, il fait enfermer sa fille unique Danaë dans une chambre de bronze jusqu'à ce qu'elle soit trop vieille pour avoir des enfants. Ce qu'Akrisios ne savait pas, c'est que le dieu principal Zeus avait d'autres plans pour Argos. Zeus était connu pour avoir des relations extraconjugales avec des femmes mortelles. Mais il n'était jamais autorisé à se montrer à un mortel, car celui-ci aurait été frappé par la foudre. Pour cette raison, mais aussi pour entrer dans la chambre d'airain, il s'est transformé en pluie de poussière d'or ; il est entré par la fenêtre à treillis et a mis Danaë enceinte.

Danaé a eu un fils, Persée. Akrisios l'a fait enfermer avec son fils dans un cercueil en bois vide, qui a ensuite été jeté à la mer. Ils se sont échoués sur l'île de Seriphos, où Diktys, un gentil pêcheur les a recueillis et pris en charge.

Persée et Méduse

Le frère lubrique de Diktys, Polydektes, roi de Seriphos, voulait épouser Danaë, mais Persée a défendu l'honneur de sa mère réticente. Furieux de ce rejet, Polydektes exigea des chevaux de chaque habitant, comme cadeau pour le prétendant suivant, Hippodameia, la fille du roi Oinomaos de Pise. Persée n'avait pas de chevaux, mais il a dit qu'il obtiendrait n'importe quoi pour le roi, même si c'était la tête de la gorgone Medusa. Polydectes savait que personne n'était jamais revenu des Gorgones et envoya Persée sur son chemin.

Zeus a demandé à Athéna d'aider son fils. Elle a indiqué à Persée une grotte en Libye où vivaient trois vieilles femmes, les Graeae. Ils savaient où se trouvaient les nymphes qui pouvaient donner à Persée des armes spéciales contre les Gorgones. Les Graeae étaient les sœurs des Gorgones et ont refusé de les aider. Ensemble, ils avaient un œil et une dent. Lorsque l'une d'elles passa l'œil à une autre pour qu'elle puisse observer l'étranger, Persée s'empara de l'œil et menaça de ne pas le rendre tant qu'elles ne lui auraient pas dit où vivaient les nymphes. Ils lui ont dit que les nymphes vivaient près du Styx, dans le monde souterrain. Persée a alors rendu l'œil. Il est allé voir les nymphes qui lui ont donné des armes et d'autres objets. On lui a donné un sac pour la tête de Méduse et le casque d'Hadès qui rendait invisible. Hermès, le messager des dieux, lui a donné une faucille et lui a prêté ses sandales ailées pour fuir rapidement ses deux sœurs, Stheino et Euryale (qui avaient des ailes en or et des mains en bronze). Hermès l'a également aidé à polir le bouclier pour qu'il soit réfléchissant, afin que Persée puisse voir les Gorgones en miroir à travers son bouclier et ne soit pas pétrifié comme tout le monde en les regardant. Certaines sources disent que Persée a obtenu le bouclier réfléchissant d'Athéna.

Persée a remarqué qu'il se rapprochait des Gorgones, alors que de plus en plus de personnes pétrifiées se tenaient le long de la route. Invisible à travers son casque magique et regardant à travers son bouclier, Persée se dirige vers Méduse. Elle était hideuse, avec des serpents à la place des cheveux et une langue rouge entre deux grands crocs. Il la décapita d'un coup de faucille, mit la tête dans le sac et s'envola. Incapables de le suivre, Stheino et Euryale reviennent et pleurent leur sœur.

Sur le chemin du retour, Persée a passé la nuit dans le pays des Hespérides, filles d'Atlas. Leur jardin de pommes d'or (un cadeau de mariage de Gaia à Zeus et Hera), était strictement gardé par Atlas, qui avait été informé qu'un fils de Zeus voulait voler les pommes. Il a essayé de tuer Persée, mais ce dernier a attrapé la tête de Méduse et l'a pétrifié (les montagnes de l'Atlas d'aujourd'hui).

Persée et Andromède

Persée volait le long de la côte éthiopienne quand, loin en dessous de lui, il vit une jeune femme enchaînée à un arbre sur une falaise en bord de mer. En s'approchant, il aperçoit deux figures tristes sur les falaises, ses parents, le roi Céphée et la reine Cassiopée. Ils lui ont raconté ce qui s'était passé.

Cassiopée avait hautainement prétendu être plus belle que les Néréides, les filles de Nérée, le Vieux de la Mer et un ancêtre de Poséidon. En punition de cet orgueil démesuré (hybris), Poséidon fit ravager les régions côtières de l'Éthiopie par un monstre marin appelé Cetus. Un oracle avait dit à Céphée qu'il pouvait faire partir le monstre marin en sacrifiant sa fille Andromède.

Persée a proposé au couple royal de sauver Andromède en échange de sa main. A ce moment, le monstre marin a émergé et Céphée a rapidement accepté. Persée a tué le monstre avec sa faucille et a dépouillé Andromède de ses chaînes. Cette nuit-là, Céphée annonce le mariage entre Andromède et le héros grec, oubliant qu'il l'avait déjà promise à son frère Phinée. Une bataille éclate et lorsque Persée se rend compte que Phinée est largement dépassé par ses troupes, il saisit à nouveau la tête de Méduse, les pétrifiant ainsi.

Persée a navigué avec Andromède vers l'île de Seriphos. A son arrivée, il a découvert que Polydektes poursuivait toujours sa mère. Il a amené Danaé et Andromède à Dictys et s'est dirigé vers le palais royal. Là, il leur dit qu'il était revenu avec le cadeau pour Hippodameia. Il a pétrifié toutes les personnes présentes en montrant à nouveau la tête de Méduse. Persée a donné le chapeau, la faucille et les sandales au messager Hermès, qui a tout rapporté aux nymphes en Afrique. Persée a donné la tête de Méduse à Athéna, qui a attaché la tête terrifiante à son bouclier (égide). Persée décide de retourner à Argos pour réclamer à Akrisios sa part de l'héritage.

Persée et Akrisios

Malgré le pardon de Persée, Akrisios, pensant à la prophétie, s'enfuit chez son ami le roi Teutamides de Larissa. En entendant cela, Persée laisse Andromède et Danaé à Argos et part se lier d'amitié avec son grand-père. À cette époque, le roi Teutamides organisait des jeux en l'honneur de son père qui venait de fêter son anniversaire. Persée ne voit pas Akrisios et décide d'attendre le banquet du soir. Entre-temps, il participait aux jeux,

190

introduisant le lancer du disque. Il a ramassé un disque en métal et l'a lancé aussi loin que possible. Soudain, le disque a cédé sous l'effet de vents violents. Par un cruel coup du sort, le disque a volé dans la foule, tuant Akrisios. La prophétie s'est réalisée.

Persée retourne auprès de sa mère et de sa femme à Argos, mais il se rend compte que les dieux ne lui permettront pas de gouverner la ville de l'homme qu'il a tué. Il a échangé Argos contre la ville voisine de Tiryns, qu'il a gouvernée pendant des années. Il a fondé plusieurs villes dans la chaîne de montagnes des Argolides, dont la célèbre cité de Mycènes. Andromède lui donna de nombreux enfants et son petit-fils Eurystheus fut le dernier de la dynastie des Persée d'Argos.

Thésée

Le roi d'Athènes et le tueur du Minotaure.

Thésée a grandi à Troizen, sur la côte est du Péloponnèse. Sa mère Aethra ne savait pas qui était son père. Elle avait couché avec Poséidon, le dieu de la mer, et Aigeus, le roi d'Athènes, neuf mois auparavant. Ce dernier a dit à Aethra que si elle avait un fils, elle devrait bien l'élever pour en faire un homme fort. Aigeus devait mettre son épée et ses sandales sous une pierre, et lorsque Thésée serait assez fort pour soulever la pierre, il devait venir à Athènes.

Quand Thésée a eu dix-huit ans, il a pu soulever la pierre et est parti à Athènes. Sur son chemin, il a rencontré toutes sortes de voleurs. Le premier méchant s'appelait Skiron. Il vivait près de la mer. Il obligeait les voyageurs à s'asseoir sur le bord d'un rocher et à se laver les pieds. Puis il les a fait tomber et les victimes ont été mangées par la tortue géante qui vivait sous le rocher. Le deuxième méchant s'appelait Procrustes. Il a offert aux voyageurs une nuitée, à savoir son propre lit. Si l'invité était plus grand que le lit, Procrustes coupait la partie qui dépassait. Si l'invité était plus court que le lit, il était étiré. Le dernier s'appelait Sinis. Celui-ci a plié deux pins géants avec sa force impressionnante et y a attaché un voyageur de passage. Puis il a relâché les arbres et la victime a été déchiquetée. Thésée a fait en sorte que les méchants subissent le même sort que leurs victimes : Sinis fut déchiré, Skiron mangé par la tortue et Procrustes étiré jusqu'à la mort.

Entre-temps, Aigeus avait épousé Médée, une voyante, et avait donné naissance à un fils appelé Medos. Lorsque Médée a vu Thésée, elle savait que si elle ne faisait pas quelque chose rapidement, Thésée deviendrait l'héritier du trône à la place de son fils Médos. Elle a décidé de lui faire passer un test : Thésée a dû tuer le taureau de Marathon. Mais Thésée réussit et, à son retour, Médée décide de le tuer au banquet en lui faisant boire du poison. Avant que Thésée ne boive, il a d'abord coupé la chair avec l'épée de son père. Quand Aigeus a vu ça, il a compris. Il a fait tomber la coupe de la main de Thésée, qui était sur le point de boire.

Cependant, Aigeus avait un autre problème. Le roi Minos de Crète a menacé de faire la guerre à Athènes. Cette situation ne pouvait être évitée qu'à condition qu'Athènes fasse naviguer tous les neuf ans quatorze jeunes, sept garçons et sept filles, pour servir de nourriture au Minotaure. Thésée était l'un des 14 qui ont fait le voyage. Son but était de tuer le Minotaure et de sauver la vie des autres jeunes Athéniens. En Crète, il est tombé amoureux d'Ariane, la fille du roi Minos. Ariadne voulut l'aider et lui donna le *fil d'Ariadne* et une épée. Thésée a tué le Minotaure et a pu s'échapper du labyrinthe.

Thésée emmène Ariane sur le bateau et, avec les autres garçons et filles athéniens, ils naviguent vers Athènes. Ils se sont arrêtés sur l'île de Naxos et y ont dansé. Le septième jour, Thésée a promis à Ariane tout ce qu'un homme et une femme mariés se promettent. Le jour suivant, Thésée est parti tôt, laissant Ariadne derrière lui. Ariane a ensuite été enlevée par Dionysos. C'est la version la plus courante de l'histoire, racontée par des auteurs tels qu'Ovide et Catulle. Une autre version, par exemple dans la *Bibliotheca*, affirme que Dionysos avait réclamé Ariane pour lui-même après son arrivée à Naxos et que Thésée avait dû la céder.

Thésée a quand même entendu l'appel d'Ariane et a été maudit. En conséquence, il a oublié de hisser la voile blanche. Thésée avait en effet convenu avec son père avant son voyage que - s'il survivait - il reviendrait avec une voile blanche. Maintenant, il naviguait avec une voile noire. Quand Aigeus a vu le bateau avec la voile noire, il a pensé que Thésée était mort. Il est tombé dans la mer, après quoi il est mort. Thésée est devenu roi d'Athènes en conséquence. La mer dans laquelle est tombé Aigeus a depuis été appelée la mer Égée.

En outre, selon une version peu utilisée de l'histoire, notamment dans la *Bibliotheca*, Thésée a participé au voyage de l'Argonaute. On dit aussi qu'il a participé à la chasse aux Calydoniens. En outre, il a aidé Héraclès dans le voyage pour prendre possession de la ceinture des Amazones, selon Philochoros et d'autres auteurs cités par Plutarchos.

Plus tard, il est retourné chez les Amazones et a trompé leur reine Antiope. Elle était la soeur d'Hippolyte, qui avait été tué par Héraclès.

Antiope a donné à Thésée un fils qu'elle a nommé d'après sa sœur défunte Hippolyte.

Il a également aidé son bon ami Pirithoüs contre un Centaure et a joué aux échecs avec lui Helena. Lorsqu'ils voulurent également jouer aux échecs avec Perséphone, Hadès se mit en colère et, par une ruse, leur fit prendre place dans le " siège de l'oubli ", qui pénétrait leur corps et les empêchait de se relever.

Héraclès a sauvé Thésée, mais Lycomède s'était déjà assuré qu'il devienne roi. Thésée s'est ensuite rendu sur l'île de Skyros. Le roi l'a accueilli avec gentillesse et l'a invité à faire une promenade. Pendant cette promenade, il a poussé Thésée d'un rocher dans la mer. Thésée s'est noyé dans la mer de Poséidon. En tout cas, si Poséidon était son père, il ne l'aurait pas sauvé.

Femmes célèbres

Arachne

Une habile tisseuse, transformée par Athéna en araignée pour son blasphème.

Arachné (grec ancien : ἀράχνη - " araignée ") est un personnage de la mythologie grecque et romaine.

L'histoire est racontée, entre autres, dans les *Métamorphoses* d'Ovide : Arachné pouvait filer et tisser extraordinairement bien. Ses œuvres étaient d'une beauté fabuleuse et tout le monde les admirait. Il semble qu'elle ait reçu l'enseignement de la déesse Athéna (romaine : Minerve), mais Arachné elle-même le dément. Athéna s'est alors déguisée en vieille femme et a conseillé à Arachné de demander pardon à Athéna pour ses paroles orgueilleuses. Mais Arachné a refusé. Athéna devint furieuse de l'orgueil de la jeune fille et la défia, maintenant sous sa propre apparence, de l'affronter dans un concours de tissage. Arachné a réalisé un tissage parfaitement beau, ce qui a suscité une grande colère chez Athéna. La déesse a alors déchiré le travail d'Arachné en lambeaux. Elle a en outre frappé Arachné à la tête à plusieurs reprises. Cela a tellement choqué Arachné qu'elle s'est pendue pour échapper à la punition. Mais Athéna, par pitié, la ressuscita et la transforma en araignée, qui se balançait toujours au bout d'un fil, mais continuait à tisser avec art.

Avec ce mythe, la mythologie grecque explique l'origine de la toile d'araignée.

Cassandra

Une princesse de Troie, qui a reçu la malédiction de voir l'avenir mais de ne jamais être crue.

Cassandre ou **Kassandra** (grec : Κασσάνδρα ; " celle qui embrouille/confond les hommes/les gens ") était l'une des filles de Priam, roi de Troie et de la reine Hécube. Cassandre était si belle que le dieu Apollon voulait partager son lit avec elle. Cassandra a accepté, mais en échange, elle voulait le don de pouvoir prédire l'avenir. Une fois qu'Apollo a exaucé son souhait, Cassandra a refusé de tenir sa promesse.

Apollo était furieux et voulait la punir. Mais les dieux ne pouvaient pas défaire un cadeau accordé. Apollo lui a demandé un dernier baiser, lui crachant au passage une malédiction dans la bouche, pour que personne ne la croie quand elle fait une prédiction.

En effet, Cassandre a prédit plusieurs fois la chute de Troie et n'a été crue par personne. Avec Laocoön, elle met en garde, également en vain, contre l'introduction du cheval de Troie.

Lors de la prise de Troie, elle se réfugie dans une statue de Pallas Athéna, mais Ajax le Petit l'en arrache cruellement. Cassandre a ensuite été emmenée à Mykène par Agamemnon comme butin de guerre. Elle l'a averti de sa mort imminente, mais n'a pas été crue. Il fut tué dans le bain par sa femme Clytaimnestra à coups de hache et un peu plus tard Cassandre fut décapitée avec la même hache.

De nos jours, le terme *"prédiction cassandre"* fait référence à une prédiction de malheur qui s'avère correcte rétrospectivement ; plus précisément, au phénomène selon lequel les prédictions de malheur inévitable ne sont généralement pas crues, ce qui place le prédicteur dans la situation impuissante de savoir qu'une catastrophe est sur le point de se produire, mais de ne pas pouvoir convaincre les autres de faire le nécessaire pour limiter les dégâts.

Helen

Fille de Zeus et de Léda, dont l'enlèvement a provoqué la guerre de Troie.

Hélène (grec ancien : Ἑλένη, *Helenè*) est un personnage de la mythologie grecque. Elle est la fille du dieu principal Zeus et de Leda. Helena était la plus belle femme de Grèce. Zeus aurait séduit Léda sous l'apparence d'un cygne et des œufs pondus par Léda seraient nés Helena et Polydeukes (Pollux). Cette histoire se perpétue dans l'expression latine *ab ovo*. On dit que Zeus a fait cela parce qu'il pensait que le monde était surpeuplé et qu'il voulait y remédier par l'intermédiaire d'Hélène. La même nuit où Hélène et Polydeukes ont été conçues, le mari de Léda, le roi Tyndareos, a également engendré deux enfants avec elle : Clytaimnestra et Kastor.

Lorsque le moment est venu pour Helena de se marier, de nombreux rois et princes sont venus demander sa main, ou ont envoyé des émissaires pour le faire à leur place. Parmi eux figuraient Ulysse, Ménesthée, Aias le Grand, Patrocle et Idoménée, mais le favori était Ménélas, qui n'était pas venu en personne mais était représenté par son frère Agamemnon. Tous ont apporté des cadeaux magnifiques et coûteux, sauf Ulysse.

Helena a été contrainte d'épouser Ménélas, qui a toujours suivi et soutenu son frère Agamemnon en toute chose. Avec Ménélas, elle a eu une fille, Hermione.

Helena à Troy

Le mythe raconte que quelques années plus tard, Paris, un prince troyen, est venu à Sparte pour ramener la plus belle fille du monde. C'était Helena. Aphrodite le lui avait promis, si en retour il la choisissait comme la plus belle déesse du jugement de Pâris, s'attirant ainsi les foudres d'Athéna et d'Héra.

Lorsque Pâris rendit visite à Hélène et Ménélas, ils l'accueillirent très chaleureusement et, avec l'aide d'Aphrodite, Hélène tomba amoureuse de Pâris et quitta son mari, pour être avec son nouvel amant.

Lorsque Ménélas découvre que sa femme a disparu, il demande conseil à son frère Agamemnon. Agamemnon, qui voulait combattre Troie depuis des années, a demandé à son frère de déclarer la guerre. Ménélas a réuni tous les rois et héros de Grèce pour déclencher la guerre de Troie. Un "millier de navires" ont été lancés par les Grecs pour ramener Hélène de Troie. Dans le Docteur Faustus de Christopher Marlowe, Méphistophélès fait apparaître Helena en échange de l'âme de Faust. Quand Faust contemple sa beauté, il s'exclame : "Est-ce le visage qui a lancé un millier de navires ?"

Après dix ans de guerre, lorsqu'il est enfin entré - par la ruse du cheval de bois - dans Troie, Ménélas a voulu tuer Hélène. Mais quand Helena a vu Menelaüs, le charme s'est rompu et elle est retombée amoureuse de lui. Ménélaüs, qui n'a pas pu se résoudre à la tuer, la ramène à Sparte et vieillit avec elle.

Helena en Egypte

Une autre tradition (Stesichoros et al) veut que ce ne soit pas Helena elle-même, mais une ombre lui ressemblant qui soit enlevée par Paris. La véritable Hélène est enlevée à Sparte par Hermès et emmenée en Égypte. Cela aurait rendu la guerre de Troie (menée pour le bien d'un fantôme) complètement inutile. Tout ceci est la volonté cruelle d'Héra, qui tente de contrecarrer Aphrodite (car cette dernière a été élue la plus belle des déesses par Paris). Après la chute de Troie, Ménélas n'est pas autorisé à rentrer chez lui : il parcourt les mers pendant sept ans avec son équipage et la prétendue Hélène. Finalement, ils font naufrage et s'échouent sur la côte égyptienne. Lorsque Ménélas arrive au palais du souverain local (qui retient Helena captive pour l'épouser), il rencontre sa véritable épouse. Cela entraîne une certaine confusion. Lorsque la prétendue Helena part soudainement en fumée, Ménélas réalise que sa femme est restée en Égypte pendant tout ce temps et qu'elle *n'était* donc *pas* adultère. Ensemble, ils élaborent une ruse pour échapper au roi égyptien Proteus et retourner dans leur propre Sparte. Cette version constitue la base de la tragédie *Helena* d'Euripide. Cette histoire d'une "Hélène vertueuse" a été délibérément créée parce que l'image d'une Hélène adultère (telle qu'elle est dépeinte par Homère) était une horreur pour les adorateurs d'Hélène à Sparte et Argos.

Medea

Une sorcière et épouse de Jason, qui a tué ses propres enfants pour punir Jason de son infidélité.

Le poète romain Ovide, dans ses Métamorphoses, a poussé plus loin l'histoire de Médée. Après avoir fui Corinthe, Médée devient l'épouse d'Égée. Il la chasse ensuite après sa tentative infructueuse d'empoisonner son fils, Thésée.

Dans la mythologie grecque, **Médée** (latin) ou **Medeia** (grec ancien : Μήδεια) était une sorcière de Colchide qui aida Jason à conquérir la Toison d'or. Il l'emmena en Grèce, mais l'abandonna pour la fille du roi de Corinthe, après quoi Médée se vengea de manière horrible en tuant leurs deux fils ainsi que le roi de Corinthe et sa fille.

Pedigree

Médée était la fille de l'Océanide Eidyia et d'Aietes, le roi de Colchide. Par son père, elle était une petite-fille d'Hélios et une nièce de la sorcière Circé. Comme elle, Médée possédait de grands pouvoirs magiques.

Médée et Jason

La Colchide était le foyer de la Toison d'Or. Jason et les Argonautes sont venus avec leur navire, l'Argo, d'Iolcus pour récupérer la Toison d'or sur ordre du roi Pélias. Cependant, Aietes, le roi de Colchide, n'avait pas l'intention d'y renoncer. Mais sa fille Médée est tombée amoureuse de Jason et a décidé de l'aider à l'obtenir quand même. En échange, il a promis d'en faire sa femme et de l'emmener avec lui en Grèce. Grâce à la magie de Médée, Jason a réussi à accomplir les tâches impossibles que Pélias lui avait confiées et a également réussi à vaincre le dragon qui gardait la Toison d'or et à obtenir la Toison.

Avec la Toison d'or et Médée, Jason et les Argonautes reprennent la mer pour la Grèce. Selon certaines sources, Médée avait assassiné son demi-frère Absyrtus, l'avait découpé en morceaux et jeté à la mer, pour éloigner les poursuivants qui auraient voulu récupérer le cadavre.

Selon Apollonius Rhodius, qui dans son *Argonautica* décrit en détail le voyage aller-retour des Argonautes, ils se sont mariés dans le palais d'Alcinoüs, roi des Phéaciens. Alcinoüs, menacé par les poursuivants de Colchide, avait promis de livrer Médée s'il s'avérait qu'elle était mariée à Jason. Arete, la femme d'Alcinoüs, avait relayé ce message à Jason et Médée, qui se sont alors mariés à la hâte. Alcinoüs résiste alors aux troupes d'Aietes, et Jason et Médée atteignent Iolcus après quelques péripéties.

Jason avait entrepris le voyage des Argonautes pour obtenir le trône d'Iolcus, mais lorsqu'il est revenu avec la Toison d'or, Pélias a refusé de céder le trône. Médée s'est vengée de lui. Elle a abattu un vieux bélier, l'a coupé en morceaux, l'a jeté dans un chaudron d'eau bouillante et y a ajouté toutes sortes d'herbes magiques. Après un certain temps, un jeune agneau a sauté hors du chaudron. Les filles de Pélias, qui ont été témoins de ce miracle, demandent à Médée de rajeunir aussi leur père. Elle accepta et, sur son insistance, les filles tuèrent leur père et le jetèrent dans le chaudron. Mais Médée a permis à Pélias de rester mort.

Selon certaines sources, Médée aurait précédemment appliqué une cure de rajeunissement au père de Jason, Aeson : Ovide décrit dans ses

Métamorphoses (7, 159-293) comment Médée a procédé et remplacé le sang d'Aeson par un jus magique qui l'a rajeuni de 40 ans.

Jason s'est enfui avec Médée à Corinthe. Ils y eurent deux fils, les jumeaux Mermeros et Phérès (parfois aussi appelés Thessalos et Alkimenes), et, selon certaines sources, un troisième nommé Tissandros. Mais au bout de dix ans, Jason tombe amoureux de Creüsa (ou Glauce), la fille du roi de Corinthe. En l'épousant, il pourrait plus tard devenir roi de Corinthe. Lorsque le roi a accepté le mariage, Jason a tenté de persuader Médée de renoncer volontairement à toute poursuite de leur mariage. Il prétendait vouloir épouser la fille du roi de Corinthe afin de donner un bon avenir à leurs fils. Bien que Médée soit profondément offensée, Jason poursuit ses projets de mariage. Médée fait semblant de consentir au mariage et fait livrer à la future épouse de Jason une robe de mariée imprégnée d'une substance mortelle. Quand Creüsa a mis la robe, le poison a brûlé dans son corps, libérant la chair et la peau de ses os. Son père Créon, qui était venu à son secours, a également été consumé par le feu. Puis Médée a tué ses propres enfants avec une épée. Avec un char de dragon que lui a envoyé son grand-père Hélios, Médée s'est enfuie. L'épisode de la vengeance de Médée sur Jason constitue la substance de la célèbre tragédie d'Euripide, *Médée*.

Cependant, il existe également une version du dramaturge athénien Karkinos, dans laquelle Médée n'a pas tué ses enfants, mais les a cachés de la vengeance de Jason. Cette version est mentionnée par le contemporain de Karkinos, Aristote, et en 2004, elle a été retrouvée sur un fragment de papyrus au Louvre.

Médée et Égée

Après sa fuite de Corinthe, Médée se rend chez le roi Égée à Athènes. Elle avait réussi à gagner sa confiance en lui promettant de lui rendre la force de sa jeunesse. Elle l'a épousé et ils ont eu un fils, Medus. Pour protéger les intérêts de Méduse, elle entreprend de tuer Thésée, le fils d'Égée issu d'une relation antérieure, avec du poison. Quand cela a été révélé, Médée a été chassée du pays avec son fils. Selon certaines sources, elle s'est enfuie dans sa ville natale de Colchide. Là, son père Aietes avait été détrôné par son frère Perses. Médée a tué Persès et a aidé son père à reprendre le pouvoir. Après sa mort, elle a été vénérée comme une divinité par les Colchians.

Méduse

Une femme mortelle transformée en une hideuse gorgone par Athéna.

Medousa (grec ancien : Μέδουσα) ou **Méduse** (latinisée) est une figure monstrueuse chthonique de la mythologie grecque. Méduse est la fille de Phorcys et de Ceto et est la plus célèbre des trois Gorgones.

Medusa avait autrefois une beauté particulière. Cependant, à son grand dam, elle vivait dans un pays où le soleil ne brillait jamais. Médusa a supplié Athéna de la laisser partir pour les régions ensoleillées. Athéna ne le permet pas, car elle craint que les gens ne louent non pas sa beauté, mais celle de Méduse.

Dans une autre version du mythe, Méduse aurait encouru la colère d'Athéna parce que Poséidon l'avait violée dans le temple d'Athéna. Athéna, furieuse, se vengea en transformant la belle chevelure de Méduse en un tas de serpents qui se tordent. De plus, quiconque regardait Médusa dans les yeux se transformait instantanément en pierre. Depuis lors, c'était son travail de pétrifier autant de personnes que possible. Ses sœurs ont supplié Athéna de la retransformer. Ils dirent : "Soyons à nouveau comme elle", et ce fut le cas, car Pallas Athéna les transforma eux aussi en Gorgones, puis leur donna la vie éternelle.

Elle a finalement été tuée et décapitée par le héros Persée, qui a été aidé en cela par Athéna, entre autres. De son sang (à la suite d'un amour antérieur avec Poséidon) sont nés le cheval ailé Pégase et le géant Chrysaor. Avec la tête, Persée a pétrifié un monstre marin et une armée entière, et le roi lui a ordonné de tuer Méduse. Persée a fini par donner sa tête à Athéna, qui l'a placée sur son bouclier pour pétrifier ses ennemis.

Pandora

Dans la mythologie grecque, **Pandore** (grec ancien : Πανδώρα) (son nom peut signifier à la fois *porteuse de tous les dons* et *donneuse de tous les dons* ou *douée*) est le nom de la première femme, formée par Héphaistos à partir d'eau et de terre. Elle a été envoyée par Zeus aux mortels pour les punir et leur apporter la calamité après que Prométhée ait volé le feu du ciel, dans le but de délivrer les humains de leur condition malheureuse.

Mythe

Prométhée et son frère Epiméthée avaient été chargés par *Zeus* de créer l'homme. Ils ont donc créé l'homme, mais comme l'homme était si malheureux, Prométhée a volé une torche brûlante sur l'Olympe et a donné le feu à l'humanité. Zeus a pensé que cette trahison était si grave qu'il a voulu punir l'humanité. Pour ne pas offenser Prométhée et Epiméthée, il ne l'a pas fait directement. Il ordonna à Héphaistos de former à partir d'eau et de terre une femme appelée Pandore. Alors tous les dieux lui ont accordé de bons cadeaux. Athéna lui a donné l'intelligence, le talent et les bonnes manières. Elle l'a habillée avec les vêtements les plus beaux et les plus colorés. Aphrodite lui a donné la grâce et la beauté d'une déesse. Les autres dieux lui ont donné de l'or et mis des fleurs dans ses cheveux. Le dernier dieu, Hermès, lui a donné la parole et a semé dans son être des pensées impudiques et une nature trompeuse. Cela lui a donné un trait qu'aucun autre mortel n'avait : la curiosité.

Zeus la donne à Prométhée, mais ce dernier sait qu'un cadeau des dieux n'est pas sans conséquences et la refuse. Il a conseillé à son frère de faire de même. Zeus demande alors à Hermès de l'amener à Epiméthée, le frère stupide de Prométhée. Malgré les avertissements de Prométhée, il la prend pour épouse. Zeus a également donné au couple un *pithos* (récipient), dans lequel tous les accidents étaient enfermés. Si le navire restait fermé, ils ne pouvaient affecter personne. Pandore était curieuse et voulait ouvrir le vaisseau, mais Epimetheus l'en a empêchée. Un jour, Pandore ne put contenir sa curiosité et ouvrit le vaisseau, libérant tous les désastres, maladies et soucis qui se répandaient sur la terre : l'existence insouciante de l'homme avait pris fin.

Pandore a claqué le couvercle en sursaut, si bien que l'*espoir* n'a pas pu s'échapper. Ainsi, parmi les catastrophes les plus violentes qui frappent les hommes sur terre, seul l'espoir demeure. L'espoir est parfois représenté comme l'oiseau qui s'est envolé du tonneau lorsqu'on l'a ouvert une seconde fois, comme un message de réconfort pour les humains (l'humanité, les espèces de singes).

Selon une autre version, plus pessimiste, l'espoir est la seule chose dont les gens sont privés. Une troisième interprétation implique que l'espoir lui-même est aussi un cadeau empoisonné. Après tout, espérer quelque chose d'autre, c'est ne pas accepter ce qui se manifeste ici et maintenant.

Pandore donna à son consort plusieurs filles, Prophasis, la déesse du subterfuge, Metameleia, la déesse du repentir et Pyrrha, qui devint plus tard l'épouse de Deukalion.

Polyxena

La plus jeune fille du roi de Troie, sacrifiée au fantôme d'Achille.

Polyxena (grec : Πολυξένη) dans la mythologie grecque est la plus jeune fille du roi Priam de Troie et d'Hécube, et donc une sœur d'Hector, de Pâris, de Deïphobus, d'Hélène, de Troïlos et de Creüsa et Cassandre. Elle n'est pas mentionnée par Homère, mais selon des descriptions ultérieures de la guerre de Troie par des auteurs tels que Dares Phrygius, Dictys Cretensis et Hyginus, elle était aussi belle qu'Helena et avait de longs cheveux blonds, et le Grec Achille est tombé amoureux d'elle. Ses parents autorisent Achille à l'épouser, après quoi Hécube piège Achille et le fait tuer par Pâris.

La manière cruelle dont Polyxena est morte lors de la prise de Troie par les Grecs est très décrite. Selon le *Cypria* (une des épopées cycliques), elle fut blessée par Ulysse et Diomède lors de la prise de Troie et fut enterrée par le fils d'Achille, Néoptolème (schol. Eur. *Hec.* 41). Cependant, toutes les versions ultérieures du mythe, à commencer par Ibycus (fr. 36) et la pièce *Hécube* d'Euripide, racontent qu'elle a été tuée par Néoptolème. Selon Euripide et Sénèque (dans ses *Troyennes*), le fantôme d'Achille est apparu sur sa tombe quelque temps après sa mort et a exigé le sacrifice de la jeune fille, et selon Ovide (*Métamorphoses* XIII, 439ff), le fantôme est apparu à Agamemnon et ses compagnons avec cette demande. Euripide, qui a consacré une grande partie de sa tragédie *Hécube* à la mort de Polyxène, décrit la jeune fille recueillie par un Ulysse dur et décidé, qui doit se défendre contre les reproches amers de sa mère Hécube. Dans sa description, Ovide souligne le courage avec lequel Polyxena affronte la mort, poussant même Néoptolème aux larmes. Dans la description de l'histoire faite par Quintus Smyrnaeus dans sa *Posthomérique* (XIV, 193-351), le sacrifice de Polyxena est nécessaire pour que les Grecs aient un bon vent pour rentrer (tout comme le sacrifice d'Iphigénie était nécessaire à l'aller).

Kings

211

Agamemnon

Roi et commandant des armées grecques pendant la guerre de Troie.

Agamemnon, parfois rendu par *Agamemnoon*, (grec ancien : Ἀγαμέμνων) est un personnage de la mythologie grecque. Il est le fils d'Atreus, roi de Mycènes, et d'Airope. Agamemnon avait un frère, Ménélas, et une soeur, Anaxibia.

Lors de la guerre de Troie, qui s'est déroulée pour Ménélas, Agamemnon était le commandant de l'armée. Agamemnon était marié à Clytaimnestra, la demi-sœur d'Hélène (la femme de Ménélas, qui se trouvait à Troie avec Pâris), qui décrit son beau-frère dans le troisième livre de l'*Iliade* d'Homère comme un "puissant souverain, un bon roi et un puissant combattant à la lance". Agamemnon n'était pas seulement le roi de Mycènes, mais il commandait aussi une grande partie du Péloponnèse. Ce faisant, il était le roi de la mer, car il disposait de la plus grande partie des navires dans la guerre contre les Troyens. Ce n'est pas pour rien qu'Agamemnon était βασιλευτατος πάντων, " le plus royal de tous ".

Jusqu'au moment où Hektor tue Patroclus, le thème principal de l'*Iliade* est la querelle entre Agamemnon et Achille. Lorsqu'Agamemnon enlève à Achille la jeune esclave Briseis, cadeau d'honneur d'Achille, ce dernier devient furieux. Il ne veut plus se battre dans la guerre contre Troie. Plus tard dans le livre, Agamemnon tente de persuader Achille de se battre à nouveau en lui promettant d'immenses cadeaux. Achille, cependant, ne veut rien de tout cela.

En 1876, l'archéologue Heinrich Schliemann, qui allait plus tard
"découvrir" Troie, a trouvé un masque en or censé représenter le roi
Agamemnon, le "Masque d'Agamemnon". Il a été révélé par la suite que le
masque était antérieur à l'époque où Agamemnon aurait vécu.

Agamemnon avait promis à la déesse Artémis de sacrifier le meilleur qu'il
aurait attrapé à la chasse. Il ne l'a pas fait et Artémis a donc fait souffler
un vent défavorable afin que les Grecs ne puissent pas partir pour Troie.
Pour obtenir malgré tout un vent favorable, il doit sacrifier sa fille
Iphigénie, sous la pression de l'armée. Sa femme, Clytaimnestra, était
furieuse. Selon une autre histoire, Agamemnon est allé chasser juste
avant de partir. Un des cerfs qu'il a tué s'est avéré être une des biches
sacrées d'Artémis. Par la suite, alors qu'il prétendait également être
meilleur à la chasse qu'Artémis, la déesse provoqua une accalmie,
empêchant les Grecs de naviguer vers Troie.

Pendant la guerre, qui a laissé Agamemnon loin de chez lui pendant des
années, Clytaimnestra a entamé une relation avec Aigisthos, fils de
Thyestes (c'est-à-dire le cousin d'Agamemnon). Lorsqu'Agamemnon
revient victorieux de Troie, avec la princesse troyenne Kassandra comme
butin de guerre, Aigisthos le tue dans le bain. Une autre histoire suggère
qu'Aigisthos persuade Klytaimnestra de tuer Agamemnon dans ce même
bain.

Agamemnon et Clytaimnestre ont eu quatre enfants : Iphigénie, Électre,
Chrysothémis et Oreste. Chrysothémis n'a pas joué un rôle important
dans la mythologie grecque et est donc souvent omise. Les trois autres
enfants ont porté la malédiction des Tantalos (voir ci-dessous) plus loin
dans leur vie. Electra et Oreste ont vengé leur père en tuant leur mère et
son amant.

Le genre Tantalos

Agamemnon, avec son frère Ménélas et son cousin Aigisthos, forme la
quatrième génération de la famille Tantalos (voir image). La lignée était
constamment tourmentée par les punitions des dieux, la cause étant
également à chercher du côté des dieux eux-mêmes.

Tantalos, le géniteur, était un roi riche d'Asie Mineure et vivait sur un pied
d'égalité avec les dieux. Il voulait tester leur omniscience et invita les
dieux à un dîner pour lequel il tua son propre fils Pélops et le leur servit.
Tous les dieux refusèrent de manger, à l'exception de Déméter qui,
chagrinée par la présence de sa fille aux enfers, se ravisa et mangea un

morceau de l'épaule de Pélops. Pelops a ensuite été ressuscité et s'est vu attribuer une épaule en ivoire.

Les dieux ont puni Tantalos dans le Tartare avec le fameux "supplice de Tantalus" ; toujours attaché, affamé et assoiffé, l'eau atteignant à peine sa bouche et les pommes étant suspendues au-dessus de lui, juste hors de portée.

Tantalos a eu une fille, Niobe. Cette dernière a insulté Léto (la mère d'Apollon et d'Artémis) avec le fait que Léto n'avait que deux enfants et elle en avait 14. Apollo et Artémis ont vengé leur mère de cette insulte. Artémis a tué toutes les filles de Niobé et Apollon tous ses fils.

Pélops a également eu deux fils, Thyestes et Atreus. Les deux fils se sont battus pour le trône à plusieurs reprises. Finalement, c'est Atreus qui a tenu bon.

Atreus a eu deux fils : Agamemnon et Ménélas. Agamemnon est devenu roi de Mycènes, Ménélas de Sparte.

Midas

Un roi de Phrygie a accordé le pouvoir de transformer n'importe quoi en or par simple pression.

Midas était un roi légendaire de Phrygie. Plusieurs mythes le concernant sont connus dans la mythologie grecque. Bien que lui et son père Gordias soient restés connus principalement par les mythes, on pense qu'ils sont des personnages historiques. Selon plusieurs auteurs, la mère de Midas était la déesse Cybèle.

Une touche d'or

Parce qu'il avait sauvé le satyre ivrogne Silenos, Dionysos, le dieu du vin, lui a accordé le pouvoir de transformer en or tout ce qu'il touchait. Cependant, lorsque sa nourriture et son enfant se sont également transformés en or, il a décidé de laver le pouvoir qu'il avait dans la rivière Paktolos.

Oreilles d'âne

Un autre mythe raconte qu'il était un grand adorateur de Pan, le dieu des bergers et des terres accidentées. Mais en prenant le parti de Pan, il a offensé Apollon, le dieu de la musique.

Pan aimait jouer des airs simples sur sa flûte en roseau. Comme beaucoup de gens trouvaient que ça sonnait bien, il a commencé à se vanter d'être un meilleur musicien qu'Apollo. Il a défié Apollon dans un concours, dans lequel le dieu de la montagne Tmolos devait donner un verdict. Tmolos s'habilla en juge, une couronne de feuillage de chêne sur les cheveux, et des bouquets de glands pendants sur son visage, et écouta la musique. Pan a commencé, et tout le monde a été charmé par ses joyeux morceaux de flûte. Apollon prit alors sa lyre, et ses sons se balancèrent comme des vagues sur la brise légère, doux et délicieux. Tmolos a donné le prix à Apollo. Midas a protesté et a dit qu'il préférait Pan.

"Vous ne pouvez pas avoir entendu ça", a dit Tmolos. "Il n'y a rien qui cloche avec mes oreilles" a dit Midas. À ce moment-là, Apollon n'a plus pu contrôler sa colère et a dit : "Si tu les utilises de cette façon, tu n'es pas digne d'avoir les oreilles d'un être humain". Il a donné à Midas une paire de longues oreilles grises et poilues, en disant : "Maintenant tu ressembles à l'âne que tu es". Midas a eu honte de ses nouvelles oreilles et a essayé de les cacher sous un turban. Après un certain temps, son coiffeur a découvert le secret. Le barbier n'osait pas parler à qui que ce soit de la difformité de Midas, mais il était également incapable de garder tout cela pour lui. Il se rendit donc dans la campagne, creusa un trou et confia son secret à la terre en chuchotant. Tout secret, cependant, veut devenir public. À l'endroit où le barbier avait creusé le trou, une forêt de roseaux poussait, et lorsque le vent la traversait, elle bruissait et semblait crier : "Le roi Midas a des oreilles d'âne !". Le roi Midas a des oreilles d'âne !" Quand Midas a découvert que tout le monde connaissait son secret, il est mort de honte.

Cause du décès

Dans la mythologie, outre la "mort par la honte", on parle aussi de l'empoisonnement par le sang de taureau.

Monticule funéraire

Le soi-disant "tumulus du roi Midas" à Gordion est actuellement identifié comme la tombe de son père Gordias. On ne sait pas ce qui est arrivé à son corps après la mort de Midas.

Oedipus

Un roi de Thèbes destiné à tuer son père et à épouser sa mère.

Oidipous (grec ancien : Οἰδίπους) ou **Œdipe** (latinisé), autrefois en néerlandais également **Edipe**, est un personnage de la mythologie grecque. Œdipe est le fils de Laïos (roi de Thèbes) et de Iokaste.

Œdipe est le personnage principal de la tragédie de Sophokles (430 av. J.-C.) intitulée *Œdipe roi* (*Oidipous tyrannos* ou *Oedipus Rex*) et de son *Œdipe à Kolonos*. Il figure également dans le *Phoinissai* d'Euripide. Eschyle (*Sept contre Thèbes*) et Aristophane écrivent également des poèmes sur Œdipe et ses descendants. Cependant, le mythe d'Œdipe est bien plus ancien que ces dramaturges du Ve siècle avant J.-C. : dès Homère, il fait une allusion latérale à la légende d'Œdipe.

Mythe

Dans le mythe d'Œdipe, l'Oracle a promis au roi Laïos un héritier tant attendu, mais l'a en même temps averti qu'il périrait de la main de son propre enfant. Pour éviter cela, le roi se débarrasserait de son fils nouveau-né. Il a coupé les tendons des pieds de son enfant (Œdipe signifie littéralement *pieds enflés*) et a ordonné au gardien du troupeau royal d'emmener l'enfant dans les montagnes et de l'y laisser. Cependant, le berger qui devait laisser le bébé derrière lui ne pouvait se résoudre à faire une telle chose. Dans les montagnes, il a donné le bébé à un ami berger de la Corinthe voisine. Ces derniers ont amené l'enfant au couple royal sans enfant Polybe et Périboée, où Œdipe a grandi comme leur fils et héritier. Plus tard, Œdipe apprend de l'Oracle qu'il va tuer son père (qu'il ne connaît cependant pas) et épouser sa mère. Craignant cela, il s'enfuit alors de Corinthe.

Au cours de son errance, il rencontre sans le savoir son père biologique à un carrefour dans une région appelée Fokis. Comme Œdipe s'approche de la jonction, il voit un héraut escortant un char de voyage qui s'approche de lui. Le héraut le pousse violemment hors de la route et Œdipe, dans une rage aveugle, gifle l'homme. Le voyageur distingué dans le char le frappe sur la tête avec sa canne. OEdipe riposte immédiatement, si bien que l'homme tombe à la renverse du char. Il tue toute la suite ; seul un serviteur parvient à s'échapper.

Plus tard, il passe devant Thèbes, qui est terrorisée par un sphinx après la mort du roi. Ce sphinx tue tous ceux qui ne parviennent pas à résoudre l'énigme donnée. La devinette est la suivante : "Quelle créature marche sur quatre pattes le matin, deux l'après-midi et trois le soir ?".

Œdipe parvient à résoudre l'énigme : un homme "marche" à quatre pattes lorsqu'il est bébé, à deux pattes lorsqu'il est adulte et à trois pattes lorsqu'il est vieux, à deux pattes et à une canne. C'est ainsi qu'il délivre la ville du monstre. Il est couronné roi (sans savoir qu'il a tué son père, le roi précédent) et prend pour épouse la reine (locaste, sa mère). Œdipe a engendré quatre enfants de sa mère, deux fils, Étéocle et Polynice, et deux filles, Ismène et Antigone.

Plus tard, lorsque Thèbes est ravagée par la peste, l'oracle révèle que cela est dû à un meurtrier impuni. Par l'intermédiaire du devin aveugle Tirésias, ils apprennent qu'il s'agit d'Œdipe lui-même. L'infortuné Œdipe se mutile et part en errance comme pénitence. Du moins dans la version de Sophokles. Chez Sénèque, nous lisons que l'oracle de Delphes fait allusion non seulement au parricide mais aussi à l'inceste avec la mère. Œdipe, cependant, ne comprend pas les allusions. Tirésias et sa fille Manto doivent apporter de l'aide. Ils effectuent un sacrifice, mais comme rien ne se passe comme prévu (il faut lire les particularités comme des allusions au futur destin d'Œdipe), il est décidé de faire venir Laios des enfers. Ce dernier accuse ouvertement son fils, mais Œdipe ne voit toujours pas ce qui se passe. Ce n'est que lorsqu'un vieux Corinthien et le berger Porbas lui disent franchement que locaste n'est pas seulement sa femme, mais aussi sa mère, que cela devient clair pour lui. Œdipe écarquille les yeux en guise de réponse. Chez Sophokles, il se calme ensuite, dans d'autres versions, il se déchaîne : il maudit la nature et pense avoir triomphé du destin par son atrocité.

Œdipe est exilé de Thèbes et erre jusqu'à ce qu'il arrive enfin au temple des Erinyes à Colonus. Le roi Thésée d'Athènes le protège et il gagne aussi la sympathie des dieux. Pendant ce temps, ses fils Eteocles et Polynices gouvernent à tour de rôle. Cela dégénère en une lutte de pouvoir lorsqu'Etéocle refuse de céder le trône et que Polynice tente de trouver des alliés à l'étranger pour marcher contre Thèbes (Sept contre Thèbes). Maintenant les Thébains veulent désespérément récupérer Oedipe. Créon et Etéocle tentent de persuader Œdipe de revenir, mais ce dernier refuse. Peu après, Polynice tente la même chose, d'abord par la persuasion, puis par la force. Œdipe refuse de revenir et maudit ses fils : qu'ils périssent les uns par les autres dans des combats fratricides. Œdipe s'éteint paisiblement, désormais réconcilié avec les Erinyes qui sont devenues pour lui des Euménides.

Sisyphe

Sisyphos (grec ancien : Σίσυφος) ou **Sisyphe** (latin) est un personnage de la mythologie grecque. Il était le fondateur et le roi de Corinthe et était marié à la Pléiade Merope. C'était un homme rusé, mais il a commis l'erreur de défier les dieux. Il a réussi à leur échapper à chaque fois, mais ce faisant, il a aggravé sa punition ultime. C'est qu'il devait pousser un rocher contre une montagne dans le Tartare jusqu'à la fin des temps.

Mythe

Sisyphos a fondé Corinthe et promu le commerce, mais il était aussi un maître de la ruse et de la tromperie. Il a violé les principes de l'hospitalité en tuant des invités lorsqu'il pensait en tirer profit, a séduit sa propre nièce et a déposé son frère comme roi.

Sisyphos a ainsi encouru la colère de Zeus en trahissant le dieu du fleuve Asopos que sa fille Aegina avait été trompée par Zeus lors de son énième conquête. Il l'a fait parce qu'il pensait être sur un pied d'égalité avec les dieux et pouvait donc se permettre de trahir un dieu. Ce défi a suscité la colère de tous les dieux.

Lorsque Sisyphos est mort, les dieux ont envoyé Thanatos (la Mort) à sa poursuite pour le capturer, l'enchaîner et l'emmener au Tartare. Le rusé

Sisyphos a vu l'ambiance et a réussi à tromper Thanatos. Il a demandé à Thanatos de lui montrer le fonctionnement des chaînes et a réussi à l'attacher pendant cette " démonstration ". En conséquence, personne sur Terre n'est mort. Arès, irrité que ses adversaires ne meurent pas davantage, le libère quelques jours plus tard.

Sisyphos fut convoqué par les dieux pour mourir réellement après ce tour, mais avant qu'Arès et Thanatos ne viennent le chercher, il demanda à sa femme de ne pas l'enterrer, et en outre de ne pas mettre une pièce de monnaie (obool) sous la langue pour le passeur Charon, afin qu'il ne puisse pas traverser le Styx vers les enfers. Arrivé aux Enfers, il s'est plaint à Hadès et à Perséphone de la négligence de sa femme, si bien qu'Hadès n'a eu d'autre choix que de le renvoyer pour accomplir les rituels nécessaires. Selon d'autres lectures, il parvint à convaincre Hadès et Perséphone qu'il avait été envoyé à Tartaros par erreur, ce qui lui permit d'être libéré.

Cependant, Sisyphos ne pensait pas à rentrer et il décida de vivre encore quelque temps. Finalement, les dieux ont envoyé le rapide Hermès à sa poursuite, qui l'a ramené au Tartare. C'est ainsi que les dieux ont fini par s'emparer de lui et qu'il a été condamné à pousser un lourd rocher en haut d'une montagne escarpée du Tartare, qui, cependant, roulait à chaque fois dans les profondeurs depuis le sommet, de sorte qu'il était condamné à pousser éternellement ce rocher en haut de la montagne escarpée, encore et encore. Zeus a ainsi montré qu'en fin de compte, les dieux étaient plus intelligents que Sisyphe, et ce dernier a été puni pour son orgueil.